T0123480

essentials

essentials liefern aktuelles Wissen in konzentrierter Form. Die Essenz dessen, worauf es als „State-of-the-Art" in der gegenwärtigen Fachdiskussion oder in der Praxis ankommt. *essentials* informieren schnell, unkompliziert und verständlich

- als Einführung in ein aktuelles Thema aus Ihrem Fachgebiet
- als Einstieg in ein für Sie noch unbekanntes Themenfeld
- als Einblick, um zum Thema mitreden zu können

Die Bücher in elektronischer und gedruckter Form bringen das Expertenwissen von Springer-Fachautoren kompakt zur Darstellung. Sie sind besonders für die Nutzung als eBook auf Tablet-PCs, eBook-Readern und Smartphones geeignet. *essentials:* Wissensbausteine aus den Wirtschafts-, Sozial- und Geisteswissenschaften, aus Technik und Naturwissenschaften sowie aus Medizin, Psychologie und Gesundheitsberufen. Von renommierten Autoren aller Springer-Verlagsmarken.

Weitere Bände in der Reihe http://www.springer.com/series/13088

Dominic Lindner

Virtuelle Teams und Homeoffice

Empfehlungen zu Technologien,
Arbeitsmethoden und Führung

Springer Gabler

Dominic Lindner
FAU Erlangen-Nürnberg
Nürnberg, Deutschland

ISSN 2197-6708   ISSN 2197-6716   (electronic)
essentials
ISBN 978-3-658-30892-6   ISBN 978-3-658-30893-3   (eBook)
https://doi.org/10.1007/978-3-658-30893-3

Die Deutsche Nationalbibliothek verzeichnet diese Publikation in der Deutschen Nationalbibliografie; detaillierte bibliografische Daten sind im Internet über http://dnb.d-nb.de abrufbar.

Planung/Lektorat: Ann-Kristin Wiegmann
Springer Gabler ist ein Imprint der eingetragenen Gesellschaft Springer Fachmedien Wiesbaden GmbH und ist ein Teil von Springer Nature.
Die Anschrift der Gesellschaft ist: Abraham-Lincoln-Str. 46, 65189 Wiesbaden, Germany

Was Sie in diesem *essential* finden können

- Grundlagen und Hintergründe zu virtuellen Teams
- Chancen und Risiken von virtuellen Teams
- Technologische Ausstattung virtueller Teams
- Arbeitsmethoden und Meetingformate virtueller Teams
- Empfehlungen zur Führung virtueller Teams

Vorwort

https://agile-unternehmen.de

Im Jahr 2015 bin ich nach meinem Studium ins Berufsleben eingestiegen und habe angefangen, mit Neugier und Offenheit Unternehmen im Spannungsfeld zwischen Tradition und digitalem Wandel zu begleiten. Zu Beginn meiner Tätigkeit war ich direkt Teil eines virtuellen Teams zwischen Deutschland und China. Ich fand diese Art der Arbeit spannend und untersuchte dieses Thema nebenberuflich aus wissenschaftlicher Perspektive in einer Doktorarbeit. Ich merkte schnell, dass diese Arbeitsweise nicht gleichzusetzen war mit der Arbeit im Büro. Es war eine neue und zunächst ungewöhnliche Art zu arbeiten. Natürlich waren auch Konflikte nicht zu vermeiden und die Möglichkeiten nicht selten beschränkt aufgrund der wenig entwickelten Technologie. Oftmals dachte man, dass die Arbeit gut läuft, während es am anderen Ende der Welt förmlich brannte. Seit dieser Zeit berichte ich in meinem Blog: https://agile-unternehmen.de über virtuelle Teamarbeit.

https://agile-unternehmen.de

2017 wechselte ich das Unternehmen und war als Teamleiter für den Aufbau eines virtuellen Teams zuständig, das auf drei Standorte verteilt war (Nürnberg, Berlin, Griechenland). In erster Linie waren wir mit dem Aufbau und der Einrichtung von Technologie beschäftigt, die uns die Arbeit erleichtern sollte. In dieser Zeit habe ich mir viel Wissen angeeignet über die Einrichtung einer zielführenden und sinnvollen Informations- und Kollaborationsinfrastruktur sowie über Führung mithilfe von Software. Zusätzlich übernahm ich in dieser Zeit den Vorsitz des Vereins Projektify e. V., der einen kostenlosen Marktplatz für den An- und Verkauf von Webprojekten anbietet. Mit den knapp 20 Mitgliedern betreiben wir die Plattform ebenfalls ausschließlich als virtuelles Team (https://projektify.de).

Mittlerweile bin ich beim Unternehmen ownCloud Teil der Geschäftsleitung. Das Besondere an diesem Unternehmen ist, dass alle Mitarbeiter weltweit verteilt zu fast 100 % im Homeoffice mit zahlreichen Kunden über Technologie zusammenarbeiten. Ich merke, dass virtuelle Arbeit mir persönlich liegt und sie mein Leben im positiven Sinne beeinflusst. Ich war in den letzten zwei Jahren in mehr als zehn Ländern und habe u. a. aus der Karibik, aber auch aus Rumänien, aus Griechenland und aus Kroatien virtuell mit Teams und Kunden zusammengearbeitet. Diese Erfahrungen möchte ich nicht missen und ich werde, sobald es nach der COVID-19-Pandemie wieder möglich ist, sicher wieder unterwegs sein. Zunächst war ich jedoch gezwungen, meine Reisen abzubrechen und aus meinem Homeoffice in Deutschland zu arbeiten. Damit habe ich schließlich auch ausreichend Zeit gehabt, um für Sie dieses *essential* aufzubereiten.

Es war nicht leicht, passende Arbeitgeber zu finden, die ein virtuelles Arbeiten mit flexibler Orts- und Zeitgestaltung unterstützen. In dieser Hinsicht habe ich seit Beginn meiner Karriere Glück gehabt. Im Bewerbungsgespräch sind mir häufig die üblichen Bedenken begegnet, dass Mitarbeiter im Homeoffice ‚nichts arbeiten' würden oder dass diese Art der Arbeit ‚bei uns im Unternehmen einfach nicht möglich ist'. Mittlerweile wurde angesichts der Einschränkungen durch die COVID-19-Pandemie deutlich, dass ein wesentlicher Anteil der Arbeit durchaus im Homeoffice geleistet werden kann und dass Unternehmen, die diese Art der Arbeit bereits aktiv unterstützen, nun im Vorteil sind.

Ich wünsche Ihnen viel Freude beim Lesen und danke Celine Grunenberg für die Bereitstellung der Karikaturen, welche sie für mich gezeichnet hat. Darin werden Situationen aus meinen realen Berufsleben dargestellt, die für mich prägend waren und die in hoffentlich amüsanter Weise die aktuelle Arbeitswelt widerspiegeln. Sie werden mich daher als Figur in jeder Karikatur wiederfinden.

Ich möchte in diesem *essential* die Erfahrungen aus den vergangenen fünf Jahren in meinem Berufsleben, aber auch die Ergebnisse aus meiner begleitend angefertigten Doktorarbeit präsentieren und diese für Sie als praktische Empfehlungen aufbereiten.

In diesem essential werden so weit wie möglich geschlechtsneutrale Formulierungen verwendet. Wo dies nicht möglich ist, wird zur leichteren Lesbarkeit die männliche Form verwendet. Sofern keine explizite Unterscheidung getroffen wird, sind daher stets sowohl Frauen, Diverse als auch Männer gemeint.

Dominic Lindner

Inhaltsverzeichnis

Einleitung

1

Unter einem virtuellen Team wird im Allgemeinen die Zusammenarbeit einer Gruppe von Personen auf Distanz mithilfe von Technologie verstanden. Anfang der 2000er Jahre wurde dies zumeist nur temporär praktiziert als Zusammenschluss mehrerer Fachkräfte für ein bestimmtes Projekt oder für einen entsprechenden Zeitraum zur Erarbeitung und zur Durchführung bestimmter Projekte. Vor allem in den letzten fünf Jahren kommt es zunehmend häufig vor, dass ganze Abteilungen dauerhaft durch virtuelle Teams repräsentiert werden oder dass diese von zwei Standorten des Unternehmens aus zusammenarbeiten.

▷ **Merkbox** Fast jeder Arbeitnehmer arbeitet in irgendeiner Form virtuell mit anderen zusammen, sei es über E-Mail oder durch ein Tag Homeoffice pro Woche. Jedoch sind reine virtuelle Teams und die Arbeit von Zuhause (Homeoffice) immer noch selten und nach meiner Erfahrung präferiert die überwiegende Mehrheit von Unternehmen und Arbeitnehmern eher die klassische Arbeit im Büro.

Die Zusammenarbeit von virtuellen Teams ist standortunabhängig und erlaubt es Experten aus verschiedenen Bereichen, länder- und sogar zeitzonenübergreifend miteinander zu arbeiten. Die Videotelefonie dient dabei in der Regel als Kommunikationskanal für digitale Konferenzen. Weitere Kollaborationstechnologien, die ebenfalls von Bedeutung sind, werden in Kap. 3 erläutert. Als Gründe für die zunehmende Etablierung von virtuellen Teams können verschiedene Trends oder Ereignisse der letzten Jahre genannt werden. Die wichtigsten sind:

- Arbeit 4.0/Homeoffice
- COVID-19-Pandemie im Jahr 2020
- Outsourcing
- Vergünstigung von Technologie

1.1   Arbeit 4.0 und Homeoffice

Der Begriff ‚Arbeit 4.0' beschreibt die Zukunft der Arbeit im digitalen Zeitalter. Hintergrund sind vor allem die Chancen (aber auch die Probleme), die sich durch den durch den zunehmenden Einsatz von Technologie im Arbeitsmarkt und in den generellen Strukturen von Unternehmen ergeben. Ähnliches gilt für das Schlagwort ‚New Work', das 2004 aufgekommen ist und nach meinem Verständnis hauptsächlich für die orts- und zeitflexible Arbeit unter den Bedingungen der Digitalisierung (z. B. Homeoffice) steht (vgl. Lindner et al. 2018).

Im Jahr 2019 hat das Businessnetzwerk Xing über 17.000 seiner Mitglieder zum Thema Gehalt befragt und ein wesentliches Ergebnis ist, dass jeder zehnte XING-Nutzer für eine Arbeit, die sinnvoller erscheint und mehr Work-Life-Balance (Vereinbarkeit von Beruf und Freizeit) bietet, den Job wechseln würde. Laut der Studie legt insbesondere die Generation Y (Geburtsjahr 1980–1995) mehr Wert auf Work-Life-Balance im Job als auf den ‚reinen Gehaltscheck am Ende des Monats'.

In Zeiten des Fachkräftemangels setzen Firmen verstärkt auf die Erprobung spezieller Gleitzeit- und Vertrauensarbeitszeitmodelle sowie auf ortsflexible Arbeit durch virtuelle Teams oder indem sie Homeoffice genehmigen. Laut einer Befragung (vgl. Bitkom 2018) von über 800 Arbeitnehmern bestand schon vor COVID-19 in immer mehr Unternehmen die Möglichkeit für Homeoffice – 2014 waren es 22 % und 2018 schon 39 %.

⯈   **Merkbox** Unter Homeoffice wird im Allgemeinen die Verrichtung von Arbeit außerhalb der Gebäude des Arbeitgebers verstanden. Der Gesetzgeber verwendet dafür den Begriff Tele-(heim)-arbeit. Der Ausdruck Homeoffice ist im englischsprachigen Raum nicht in dieser Bedeutung gebräuchlich, hier wird von ‚remote' arbeiten gesprochen.

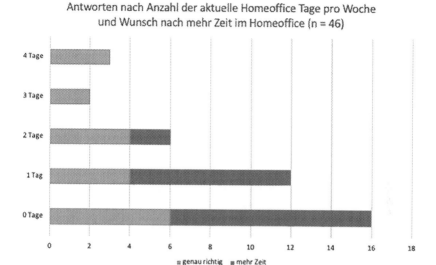

Abb. 1.1 Anzahl der aktuellen Homeoffice-Tage und Wunsch nach mehr Zeit im Homeoffice in Deutschland (Lindner und Niebler 2018)

Um zu ermitteln, wie viel Zeit Arbeitnehmer im Homeoffice verbringen möchten, habe ich eine Studie durchgeführt (vgl. Lindner und Niebler 2018) und Fachkräfte nach der Zeit im Homeoffice befragt. Das Ergebnis ist in der Abb. 1.1 dargestellt. Es zeigt, dass Arbeitnehmer zunehmend mehr Zeit im Homeoffice verbringen können und auch gerne oftmals sogar mehr Zeit im Homeoffice verbringen würden. Jedoch ist dieser Wunsch ab drei Tagen Homeoffice pro Woche nicht mehr vorhanden. Die Statistik zeigt auf der linken Seite die aktuelle Zeit (pro Woche in Tagen), die im Homeoffice verbracht wird. Die Teilnehmer wurden befragt, ob sie dies als ausreichend empfinden oder ob mehr Zeit im Homeoffice gewünscht wird. Dabei fällt auf, dass viele Arbeitnehmer in der Befragung gar kein Homeoffice wünschen und dass sich die Mehrheit für ein bis zwei Tage Homeoffice pro Woche ausspricht.

▷ **Merkbox** Homeoffice ist in Deutschland weiterhin ein Privileg. Vor der COVID-19-Pandemie haben in Deutschland bis zu 5 % der Arbeitnehmer (vgl. Eurostat 2018) im Homeoffice gearbeitet. Dagegen sind es in den Niederlanden mit 14 %, in Finnland mit 13,3 % und in Österreich mit 10 % deutlich mehr.

1.2 COVID-19-Pandemie im Jahr 2020

Im Rahmen der Sicherheitsmaßnahmen bedingt durch die COVID-19-Pandemie erhielten relativ unvermittelt nahezu alle Mitarbeiter der Unternehmen die Möglichkeit, von Zuhause aus zu arbeiten. Ausgehend von dieser Erfahrung will Bundesarbeitsminister Hubertus Heil (SPD; vgl. Zeit 2020a) das Recht auf Arbeit von Zuhause aus sogar gesetzlich verankern und noch 2021 einen Gesetzesentwurf vorlegen. Laut einer Studie des Instituts für Arbeitsmarkt und Berufsforschung (vgl. IAB 2020) arbeiten aktuell (04/2020) knapp 25 % der deutschen Arbeitnehmer aufgrund von COVID-19 ausschließlich im Homeoffice. Vorher waren dies laut Schätzungen lediglich 5 %. Kurz nach der Hochphase des Lockdowns geht die Quote für Homeoffice allerdings bereits wieder nach unten (10 %) und wird laut Prognose wieder auf 7,5 % fallen, was weiterhin ein sehr geringer Anteil virtueller Arbeit ist (vgl. Abb. 1.2).

Der Grund für diesen geringen Anteil ist, dass die Arbeit im Homeoffice wie auch in virtuellen Teams nicht üblich und einfach umsetzbar ist. So sind nach einer Befragung von 1000 Angestellten des Bundesverbands Digitale Wirtschaft (2020) über 45 % der Unternehmen nicht bereit, Homeoffice anzubieten,

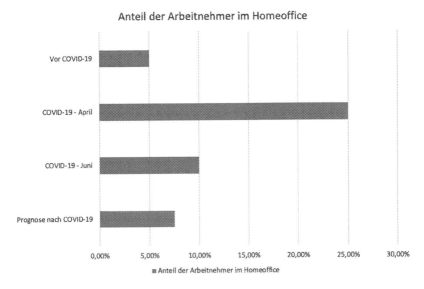

Abb. 1.2 Anteil der Arbeitnehmer im Homeoffice

außerdem wünschen sich (lediglich) 58 % der Angestellten ausdrücklich Homeoffice von ihrem Arbeitgeber.

Schon die aktuelle Berichterstattung zu COVID-19 und den Konsequenzen für die Arbeitswelt zeigt, dass wenige Unternehmen wirklich auf virtuelle Arbeit vorbereitet sind (vgl. Handelsblatt 2020a), dass viele Mitarbeiter keine Erfahrung hatten, wie die Arbeit von Zuhause organisiert werden kann und dass die zusätzliche Kinderbetreuung Familien das Arbeiten von Zuhause erschwert (vgl. Handelsblatt 2020b).

Was die Unternehmen angeht, so fehlt es vielfach an ausreichender technischer Infrastruktur (z. B. Kollaborationssoftware) und entsprechenden Betriebsvereinbarungen. Auch gibt es Bedenken aufseiten der Manager, dass Mitarbeiter im Homeoffice weniger leistungsfähig seien und Arbeit nicht kontrolliert werden könne, weshalb die Genehmigung oft nicht erteilt wird. Auch bei den Arbeitnehmern im Homeoffice können sich die Einrichtung des eigenen Büros, die Bereitstellung eines Internetanschlusses mit ausreichender Datenübertragungsrate sowie die notwendige Organisation zwischen Familie und Arbeit als problematisch erweisen. Besonders die Kinderbetreuung stellt Familien aktuell vor eine Zerreißprobe. Kindergeschrei während der Videokonferenz und Störungen im Arbeitslauf machen das Arbeiten von Zuhause für viele Familien weniger effizient (vgl. Zeit 2020b).

▶ **Merkbox** Die Bedenken von Führungskräften, dass im Homeoffice nichts gearbeitet werde, sind in der Regel unbegründet. Im Rahmen einer Befragung von 30.000 Angestellten fand das Wirtschafts- und Sozialwissenschaftliche Institut (2019) heraus, dass im Homeoffice durchschnittlich 4 h mehr pro Woche gearbeitet wird als im Büro.

1.3 Outsourcing

Outsourcing wird allgemein verstanden als die Abgabe von Unternehmensaufgaben an externe Dienstleister, die sich oftmals im Ausland befinden. Outsourcing im europanahen Raum wird als Nearshoring bezeichnet, wenn es weltweit stattfindet (z. B. in Indien), ist von Offshoring die Rede. Die größeren Herausforderungen bestehen in der Regel im Offshoring, da neben den üblichen Anforderungen auch sprachliche und kulturelle Unterschiede zu berücksichtigen sind, während diese im Nearshoring, beispielsweise zwischen Deutschland und

Rumänien, weniger entscheidend sind. Ihre eigenen Mitarbeiter arbeiten dabei anschließend virtuell mit dem Outsourcing Provider zusammen.

Da viele Unternehmen mittlerweile ihre Dienstleistungen outsourcen, gewinnen die virtuellen Teams zunehmend an Bedeutung und werden künftig eine immer größere Rolle bei der Entwicklung von Unternehmen spielen. Laut einer Erhebung von Statista (2020) liegt der Umsatz durch Outsourcing bei deutschen Unternehmen in der IT-Infrastruktur und in der Administration für das Jahr 2019 bei über 15 Mrd. EUR und ist damit in den vergangenen fünf Jahren fast kontinuierlich gestiegen. Unternehmen profitieren vor allem davon, dass wenig relevante Arbeit günstig abgegeben und der Fokus auf das Kerngeschäft gelegt werden kann.

1.4   Vergünstigung von Technologie

Ein weiterer Faktor, der die virtuelle Zusammenarbeit begünstigt, ist der Zugang zu Technologie. Um sinnvoll virtuell zusammenarbeiten zu können, wird eine bestimmte mobile Soft- und Hardware benötigt.

Software war bis vor einigen Jahren noch vergleichsweise kostenintensiv. Mittlerweile können günstige Pakete als Software as a Service (SaaS) erworben werden. SaaS bietet die Möglichkeit, Anwendungen direkt über das Internet bzw. über den Browser zu nutzen. Dafür ist in der Regel ein internetfähiges Gerät ausreichend. Der Nutzer muss sich lediglich mit seinen Anmeldedaten in der Webanwendung einloggen (vgl. Lindner et al. 2020). Beispiele für solche Software sind:

- ownCloud.online – Filesharing (13 EUR pro Monat)
- Jira Cloud – Aufgabenverwaltung (10 EUR pro Nutzer pro Monat)
- Wordpress – Website (25 EUR pro Monat)
- Freshdesk – Support Tool (29 EUR pro Nutzer pro Monat)

Weiterhin ist eine mobile Hardware, z. B. ein Laptop, für eine ortsflexible Arbeit erforderlich. Diese Technologie wurde noch vor einigen Jahren von den Unternehmen als zu teuer betrachtet und es wurde kein Nutzen darin gesehen (vgl. Abb. 1.3).

Mittlerweile gibt es günstige Laptopmodelle für 100–300 EUR, die für den normalen Gebrauch oft ausreichend sind. In zehn Jahren ist laut einer Befragung der GfK (2019) der Preis für einen Laptop von durchschnittlich 1000 EUR (2005) auf knapp 600 EUR (2015) gesunken.

Abb. 1.3 Häufig war Technologie in den letzten Jahren für Unternehmen zu teuer und wurde daher als unwirtschaftlich angesehen

1.5 Fazit

Die virtuelle Zusammenarbeit wird durch die vier genannten Trends bzw. Ereignisse wesentlich gefördert. Ein Hauptpunkt in der Entwicklung der kommenden Jahre wird wohl die COVID-19-Pandemie bleiben, durch die sich die Unternehmen relativ unvermittelt dazu gezwungen sahen, Homeoffice zu erproben und virtuell zusammenzuarbeiten. Die weiteren Aspekte, Arbeit 4.0, Outsourcing und die Vergünstigung von Technologie, tragen schon seit Jahren wesentlich zur Etablierung neuer virtueller Arbeitsmodelle bei.

Trotz dieser Treiber sind virtuelle Teams und Homeoffice noch als Nischenthema zu betrachten und kaum etabliert. Nur etwa 25 % der deutschen Arbeitnehmer arbeiten aktuell (04/2020) aufgrund von COVID-19 im Homeoffice und weniger als die Hälfte der deutschen Unternehmen ist generell bereit, Homeoffice zu genehmigen. Ich kann aus eigener Erfahrung sagen, dass virtuelle Teams tiefe Einschnitte in bestehende Unternehmensprozesse bedeuten und nicht jedes Unternehmen sich dieser Veränderung stellen möchte (vgl. Abb. 1.4).

Abb. 1.4 Virtuelle Teams bewirken tiefe Einschnitte in die Unternehmensprozesse, weshalb sie oftmals im Unternehmen nicht genehmigt werden

Chancen und Risiken durch virtuelle Teams

2

Nachdem im ersten Kapitel die Faktoren diskutiert wurden, die für die zunehmende Anzahl virtueller Teams verantwortlich sind, gilt es nun, Chancen und Risiken dieser Arbeitsweise zu beleuchten.

2.1 Chancen durch virtuelle Teams

Der Einsatz von virtuellen Teams kann für Unternehmen bedeutende Vorteile mit sich bringen, die nicht vernachlässigt werden sollten. Auf diese möchte ich im vorliegenden Abschnitt eingehen. Die wichtigsten Aspekte sind:

- Internationale Präsenz
- Neue Projekt- und Marktpotenziale
- Globale Verknüpfung und Wissensvorsprung
- Einfacheres Recruiting von Fachkräften
- Steigerung von Flexibilität und Agilität
- Kosteneinsparung durch geringe Reisetätigkeit und weniger Büroflächen

Ich merke häufig, dass sich eine größere **internationale Präsenz** ergibt durch die Möglichkeit, mit Kunden und Fachkräften virtuell und weltweit zusammenzuarbeiten. Durch das Angebot einer globalen Verknüpfung bei Projekten können Unternehmen zudem ihre Reputation positiv beeinflussen und sich sowohl neue **Projekte und Marktpotenziale** als auch einen **Wissensvorsprung** sichern.

Eine weitere Chance besteht in den Vorteilen beim **Recruiting von Fachkräften,** die einerseits ortsflexibel sowie andererseits mit virtueller Arbeit als finalem Entscheidungsfaktor für die Berufswahl gewonnen werden können. Auch

D. Lindner, *Virtuelle Teams und Homeoffice*, essentials, https://doi.org/10.1007/978-3-658-30893-3_2

die Teammitglieder selbst können von der Zusammenarbeit in virtuellen Teams profitieren. Gerade die Teilnahme an spannenden, über die nationalen Grenzen hinausgehenden Projekten ohne dauerhafte Reisebereitschaft, ist für Fachkräfte sehr reizvoll.

Flexibilität und Agilität zeigen sich in der Möglichkeit der Arbeit von Zuhause aus oder auch von unterwegs, etwa aus einem anderen Land, sowie von den Eltern aus. Das hat nicht nur eine bessere Realisierung der Work-Life-Balance zur Folge, sondern ermöglicht das Arbeiten an Projekten zu jedem Zeitpunkt. Außerdem kann durch virtuelle Teams und der Bezug von Experten weltweit schneller und flexibler auf Kundenprojekte reagiert werden. So lässt sich durch ein über zwei Zeitzonen vernetztes Team die Servicezeit deutlich erhöhen.

Als letzter Punkt lässt sich feststellen, dass der Betrieb virtueller Teams **Kosteneinsparungen** durch geringere Reisekosten und weniger notwendige Büroflächen mit sich bringt.

Zusammenfassend gesagt, halte ich die Chance, Agilität und Flexibilität deutlich auszubauen, für sehr hoch. Teammitglieder können durch die Vernetzung mit anderen Experten häufig auch an Kreativität hinzugewinnen. Aufgrund des erhöhten Selbstführungslevels und der besseren Vereinbarkeit von Familie und Beruf sind sie schließlich oft auch zufriedener im Job. Die Unternehmen gewinnen durch den Einsatz virtueller Teams u. a. einen größeren Ressourcenpool und eine verbesserte Reaktionsfähigkeit hinzu.

2.2   Risiken virtueller Teams

Auch wenn es scheinen mag, als würde die Arbeit in virtuellen Teams nur Vorteile bringen, so birgt diese auch einige Tücken und Risiken. Auf diese möchte ich im vorliegenden Abschnitt eingehen. Die wichtigsten Aspekte sind:

- Kulturelle und sprachliche Missverständnisse
- Mehr Selbstorganisation
- Steuerung von Teams deutlich schwieriger
- Technische Ausstattung ist teuer und nicht einfach zu integrieren
- Motivation des Teams schwer zu erhalten aufgrund unpersönlicher Zusammenarbeit
- Datenschutz in Bezug auf Kommunikation und Zusammenarbeit des Teams

Unverkennbare mögliche Nachteile sind **Sprachbarrieren** oder gegebenenfalls **kulturelle Missverständnisse.** So kann es in kulturübergreifenden Meetings zu Konflikten aufgrund unterschiedlicher Vorstellungen z. B. hinsichtlich Qualität und Pünktlichkeit kommen oder auch aufgrund fehlender Englischkenntnisse.

Ich habe mir am Anfang meiner Karriere oft die Frage gestellt, weshalb nicht jeder Mitarbeiter in einem virtuellen Team arbeiten wollte bzw. warum viele das konsequent ablehnten. Der Grund lag im hohen organisatorischen Aufwand in Form **verstärkter Selbstorganisation.** Auf der einen Seite mussten die Arbeitszeiten genau geplant und ständig abgestimmt werden. Auf der anderen Seite war die Einrichtung im Homeoffice selbst anzuschaffen und auch zu bezahlen. Mir ist selbst aufgefallen, dass es einen deutlichen höheren Aufwand bedeutete, private und berufliche Termine zu synchronisieren.

Weitere zu nennende Punkte sind der **hohe organisatorische sowie der enorme technische Aufwand.** Organisatorischer Aufwand ergibt sich in diesem Fall aus den Strukturen, weshalb sich Rollen und Aufgabenverteilungen beim Einsatz externer Experten vielfach nicht eindeutig festlegen lassen. Die einzelnen Teammitglieder haben oft eigene Vorstellungen zum Ablauf des Projekts, die sich nicht immer hundertprozentig mit denen des Unternehmens decken, was die Zusammenarbeit erschweren kann.

Auch die Nutzung von Technologie stellt häufig eine Schwierigkeit dar. Weil die Kommunikation ausschließlich online stattfindet, ist eine uneingeschränkte Funktionsfähigkeit aller mobilen und internetfähigen Geräte von wesentlicher Bedeutung. Nicht immer gelingt es den Unternehmen, alle nötigen Voraussetzungen für einen reibungslosen Ablauf zu schaffen, weshalb dies häufig zu Verzögerungen im Zeitplan der einzelnen Projekte führt.

Ein weiteres Risiko besteht speziell für die Führungskräfte darin, die Motivation ausreichend hoch zu halten. Aufgrund der kulturellen Unterschiede und der vergleichsweise unpersönlichen Zusammenarbeit fällt es vielen Teammitgliedern schwer, ein Vertrauensverhältnis zu den anderen Fachkräften aufzubauen. Dies kann im schlimmsten Fall zur Isolation oder zu einer fehlenden Identifikation der einzelnen Mitarbeiter bei der Bearbeitung der Projektaufgaben führen. Unter der daraus resultierenden mangelnden Kommunikation kann schließlich die Qualität des Endergebnisses leiden. Zudem kann es dazu kommen, dass einzelne Mitarbeiter überarbeitet sind und das auf Distanz erst spät von der Führungskraft bemerkt wird.

Zuletzt ist der **Datenschutz** zu berücksichtigen. Durch die Kommunikation über Software werden Dokumente und Sprach- sowie Textnachrichten über das Internet ausgetauscht. Diese Informationen könnten von Dritten eingesehen und missbraucht werden. Daher ist es unabdingbar, eine verschlüsselte Kommunikation aufzubauen und diese regelmäßig zu überwachen.

2.3   Fazit

In diesem Kapitel wurden die Chancen und die Risiken diskutiert, die sich aus der Arbeit in virtuellen Teams ergeben. In der Tab. 2.1 werden die Ergebnisse zur Übersicht zusammengefasst. Virtuelle Teams sollten meiner Ansicht nach dort eingesetzt werden, wo sich die Vorteile deutlich zeigen und ausspielen lassen. Dies sind beispielsweise internationale Kunden, sehr komplexe Themen oder Arbeiten, wo der Fachkräftemangel das Hinzuziehen externer Fachexperten nötig macht.

Für Führungskräfte wie auch für Mitarbeiter ist es wesentlich, dass sie mögliche Risiken kennen und mit diesen umgehen können. Ich glaube, dass eine andere Art der Führung notwendig ist und nicht einfach das Verhalten aus der Präsenzkultur übernommen werden kann, um die Risiken zu minimieren. Hierzu werden in den Kap. 4 und 5 weitere Empfehlungen gegeben.

Tab. 2.1 Chancen und Risiken von virtuellen Teams

Chancen virtueller Teams	Risiken virtueller Teams
• Internationale Präsenz • Neue Projekt- und Marktpotenziale • Globale Verknüpfung und Wissensvorsprung • Einfacheres Recruiting von Fachkräften • Steigerung von Flexibilität und Agilität • Kosteneinsparung durch geringe Reisetätigkeit und Büroflächen	• Kulturelle Unterschiede und Sprache • Hohe Selbstorganisation • Steuerung von Teams deutlich schwieriger • Technische Ausstattung ist teuer und nicht einfach zu integrieren • Motivation des Teams schwer zu erhalten aufgrund unpersönlicher Zusammenarbeit • Datenschutz der Kommunikation und Zusammenarbeit des Teams

Technologische Ausstattung virtueller Teams

3

In diesem Kapitel sollen die benötigte technologische Ausstattung in Form von Software sowie die notwendige Technologie für Videokonferenzen im Homeoffice behandelt werden. Das Kapitel schließt mit Empfehlungen zur Einrichtung des Homeoffice und einem Exkurs zu VR-Meetings.

3.1 Technologische Ausstattung für virtuelle Teams

Die digitale Kommunikation und die Zusammenarbeit über Software sind essentiell für virtuelle Teams. Generell werden für eine sinnvolle Zusammenarbeit ausgewählte Software-Tools benötigt, die nachfolgend aufgelistet sind.

- Software zur Kommunikation und Zusammenarbeit (vgl. Abschn. 3.2/3.3) wie
  - Dokumentenspeicherung (ownCloud oder OneDrive),
  - E-Mails (Microsoft oder Open Xchange),
  - Chat (Teams oder RocketChat)
  - Bearbeitung von Dokumenten (Office365 oder OnlyOffice)
- Software zur Aufgaben- und Vorgangsverfolgung (Jira oder OTRS) sowie zur Wissensdokumentation (vgl. Abschn. 3.2/3.3 – Confluence oder Media Wiki)
- Möglichkeiten für virtuelle Meetings (vgl. Abschn. 3.4 – Zoom oder Jitsi)

Dies stellt die Grundausstattung dar, wobei diese mit zusätzlicher Software für spezifische Unternehmensprozesse wie Zeiterfassung, Rechnungsstellung etc. beliebig erweitert werden kann. Ich möchte mich in diesem Essential auf die Kernbereiche, also die genannten Software-Tools zur Zusammenarbeit, fokussieren.

Empfehlenswert ist, dass diese Software-Tools gemeinsame Schnittstellen bilden, damit die Arbeit noch effizienter wird. Beispielsweise bietet es sich an, große Dokumente nicht als E-Mail-Anhang, sondern über einen Link auf die Filesharing-Lösung (Datenspeicherlösung) zu versenden oder bei Einladung zu einem Termin im Kalender direkt einen Einladungslink für ein Online-Meeting zu erstellen. Diese Integration ist nicht einfach, sondern vergleichsweise komplex, steigert jedoch die Arbeitseffizienz deutlich. Daher sollten Sie entweder eigenes Fachpersonal aufbauen oder einen zuverlässigen Provider beauftragen, damit diese Lösungen für Sie und ihre Mitarbeiter eine Hilfe und kein Frustpotenzial darstellen (vgl. Abb. 3.1).

Andere Software-Tools, z. B. zur digitalen Angebotserstellung oder Tools zur Erzeugung von Rechnungen, können als sogenannte Stand-Alone-Lösungen genutzt werden. Das bedeutet in diesem Fall, dass die Software-Lösung nicht mit einer anderen Software zusammenarbeitet oder kommuniziert. Dies ist bei einzelnen Anwendungen nicht problematisch, allerdings gerade bei der kritischen Informationsinfrastruktur nicht effizient.

Sie können die genannten Software-Tools durch kommerzielle Software, z. B. von Microsoft, oder durch freie Open-Source-Software (ownCloud,

Abb. 3.1 Cloud-Anwendungen sind oft nicht trivial, so dass es sich empfiehlt, Fachpersonal einzustellen

Open Xchange) abbilden. Im Folgenden werden beide Varianten als kompletter Software-Stack vorgestellt. Ein Software-Stack ist eine Menge von aufeinander aufbauenden Software-Tools, die gemeinsam die Ausführung einer übergreifenden Anwendung unterstützen. Die Komponenten des Software-Stacks arbeiten Hand in Hand und erreichen damit eine höhere Effizienz als das bei der Anschaffung von Einzelkomponenten der Fall ist (bspw. durch die automatische Übernahme von Daten und die sich daraus ergebende Zeitersparnis sowie durch Mehrwertfunktionen).

▶ **Merkbox** Unabhängig davon, ob Sie kommerzielle oder freie Open-Source-Software verwenden – Sie müssen diese durch geeignetes IT-Personal betreiben, was zusätzliche Kosten verursacht. Alternativ können Sie den Betrieb durch einen IT-Anbieter durchführen lassen. Wichtig ist, dass Sie dies neben den Anschaffungskosten ins Budget mit einplanen (vgl. Lindner und Leyh 2019).

3.2 Kommerzielle Software

Die aktuell bekanntesten kommerziellen Softwarelösungen zur Kommunikation und zur Zusammenarbeit sind Microsoft Office 365 und Teams, zur Verfolgung von Aufgaben und Vorgängen auch Atlassian Jira sowie diverse Ticketsysteme.

Ich möchte in diesem Fall meine Darstellung und die entsprechenden Erklärungen auf die führenden Anbieter beschränken, da diese oft ganze Software-Stacks anbieten (Kombination aus mehreren Software-Produkten). Natürlich sollten Sie auch Alternativen berücksichtigen.

▶ **Merkbox** Die Vorteile von kommerzieller Software sind oft eine leichtere Anwendung und ein entsprechendes Design. Nachteile bestehen im Bereich Datenschutz und in der hohen Abhängigkeit von einem Anbieter (engl. Vendor Lock-In).

Software zur Kommunikation und zur Zusammenarbeit

In diesem Abschnitt stelle ich die von Microsoft angebotenen Produkte zur Kommunikation und zur Zusammenarbeit von virtuellen Teams vor. Die Produkte Microsoft Office 365 und Teams kombinieren verschiedene Online-Services mit der klassischen Desktop-Office-Software, wobei Office 365 in unterschiedlichem Leistungsumfang verfügbar ist. Die Webanwendungen sind per Browser über das Internet und daher unabhängig vom Betriebssystem des Computers nutzbar. Office 365 beinhaltet im Kern Anwendungen wie:

- Schreibprogramm (Word),
- Tabellen (Excel),
- Präsentationen (PowerPoint),
- Notizen (OneNote),
- Videokonferenz und Chatsystem (Skype),
- E-Mail (Outlook) und
- Filesharing (OneDrive).

Dies sind die Kernbestandteile, die durch Services wie Sharepoint und weitere Komponenten ergänzt werden können. Die Abb. 3.2 zeigt die Nutzung von Office Word im Browser. Im Softwareprodukt Microsoft Teams werden die Komponenten um weitere wichtige Funktionen zur Kollaboration erweitert. Das

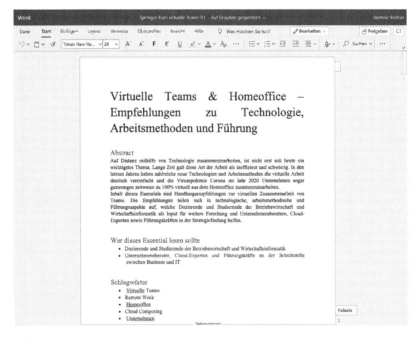

Abb. 3.2 Word in der Browserversion mit OneDrive

Produkt ‚Teams' ist noch relativ neu (2017) und enthält zusätzliche Meeting-, Nachrichten- und Aufgabenverwaltungsfunktionen (Erläuterung im nächsten Abschnitt durch Jira). Die Pakete können nur über Microsoft und Partnerfirmen bezogen werden und die Kosten liegen bei mindestens 10 EUR pro Nutzer pro Monat. Weiterhin sind E-Mail und Chatfunktion erforderlich für die Kommunikation. Diese werden von Microsoft in der Regel mitgeliefert. Chatmessenger machen die Kommunikation schneller, übersichtlicher und sind weniger formell. In Kombination mit E-Mails stellen sie daher ein wichtiges Element für Unternehmen dar. Im Kontext von Microsoft werden zumeist Skype und Teams genutzt. Außerhalb von Microsoft sind Open-Source-Alternativen (z. B. RocketChat, vgl. Abschn. 3.3) weit verbreitet, die ich in diesem Kapitel noch vorgestellt werden.

Software zur Vorgangs- und zur Aufgabenverwaltung
Neben der Kommunikation und der Zusammenarbeit gilt es, die Aufgabenerledigung sicherzustellen und zu überwachen, welche Aufgaben erledigt worden sind. Es gibt zwei Arten der Aufgabenerledigung in virtuellen Teams: die eher kreative Aufgabenerledigung durch Teams (z. B. bei Projekten wie der Entwicklung einer App) und die prozessbasierte Aufgabenerledigung (z. B. im Kundensupport oder beim Betrieb einer Anwendung).

Teambasierte Aufgabenverwaltung: Boards und Wissensdokumentation
Speziell in der IT ist als Produkt für das Vorgangs- und Aufgabentracking Jira (Atlassian) weit verbreitet. Es wird oft gemeinsam mit dem Produkt Confluence zur Dokumentation von Wissen verwendet. Wichtig in der virtuellen Teamarbeit sind die Visualisierung und die Verteilung von Aufgaben über Ansichten wie anhand des in Abb. 3.3 gezeigten Boards. Auch ich arbeite mit einen solchen Board, um die Arbeit meiner Teams effizient organisieren zu können. Selbst dieses Essential habe ich über ein solches Software-Tool organisiert.

Ob mit einer simplen To-Do-Liste oder mit einem umfassenden Projektboard – jedes Mitglied eines virtuellen Teams sollte immer wissen, woran der andere jeweils aktuell arbeitet. Der Sinn des Vorgangs- und Aufgabentrackings ist zum einen, dass nichts vergessen wird, und zum anderen, dass das Wichtigste zuerst erledigt wird. Auch für die Teamleitung und das Management kann so sichergestellt werden, dass trotz der Distanz jeder an der richtigen Sache zur richtigen Zeit arbeitet. Die Kosten für Jira beginnen ab 10 EUR pro Nutzer pro Monat, wobei das beliebig erweitert werden kann. Alternativen sind Meistertask, Trello und Microsoft Teams.

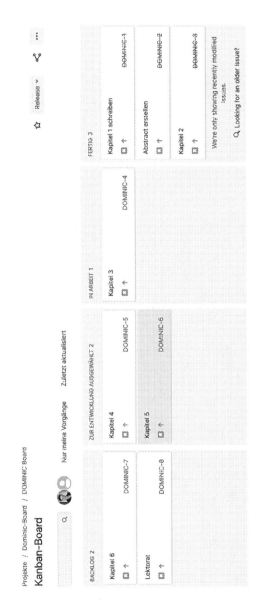

Abb. 3.3 Jira-Board für die Erstellung dieses Essentials

▶ **Merkbox** Das gezeigte Kanban-Board (Abb. 3.3) ist grob eine horizontale Abbildung einer klassischen To-Do-Liste (engl. Aufgabenliste). Der Workflow (engl. Arbeitsfluss) kann damit jedoch besser eingesehen, überwacht und optimiert werden. Kanban-Boards gelten als moderne Form der Arbeitsvisualisierung und werden im nächsten Kap. 4 näher erläutert.

Darüber hinaus ist die Dokumentation von Wissen im Unternehmen von wesentlicher Bedeutung. Vorteile entsprechender Software-Tools zur Dokumentation sind die Transparenz, die Aktualität, die Auffindbarkeit, die Suchfunktion und die Integration mit anderer Software. Eine weit verbreitete Lösung im kommerziellen Bereich ist Confluence von Atlassian. Confluence ist für das Wissensmanagement im Unternehmen gedacht und sehr leicht bedienbar (vgl. Abb. 3.4). Ebenfalls hilfreich sind die Möglichkeiten, sich nur Änderungen in großen Dokumenten anzuzeigen zu lassen, und die Integration in die Aufgabenverfolgungssoftware Jira, sodass relevante Dokumente mit der jeweiligen Aufgabe verknüpft sind.

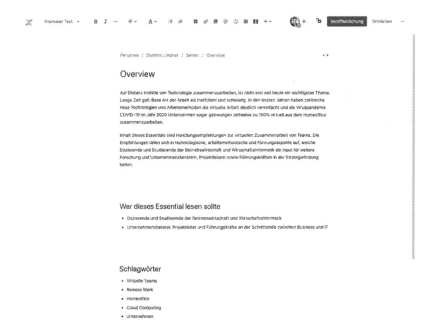

Abb. 3.4 Abbildung dieses Essentials in Confluence

Prozessbasierte Aufgabenverwaltung: Ticketsysteme
Eine weitere Möglichkeit, speziell prozessbasierte Aufgaben zu verwalten, bieten Ticketsysteme. Ein Ticketsystem ist eine Software für den Empfang, die Klassifizierung, die Verteilung und die Bearbeitung von Anfragen. Prozessbasiert bedeutet, dass eine Aufgabe durch ein spezielles Event wie eine E-Mail, ein IT-System oder einen Anruf eines Kunden ausgelöst wird. Das Team reagiert also auf konkrete Anfragen. Ein Beispiel ist der Kundensupport oder der Betrieb von Software. Die Kosten für Ticketsysteme im kommerziellen Bereich starten bereits bei 30 EUR im Monat, außerdem gibt es spezielle nutzerbasierte Tarife für 10 EUR pro Nutzer pro Monat.

Die Vorteile sind, dass keine Nachricht verlorengeht und jederzeit ein Gesamtüberblick über die zu bearbeitenden Aufgaben sowie eine entsprechende Kommunikation möglich sind. In der Abb. 3.5 ist ein Beispiel anhand von Freshdesk zur Bearbeitung aller Anfragen für die Erstellung dieses Essentials dargestellt. Auch ich arbeite mit einem Ticketsystem, um meine Kommunikation effizient organisieren zu können. Sie sehen hier, welche Person aktuell an welchem Ticket arbeitet und wie der aktuelle Stand der Bearbeitung ist. Außerdem können Tickets problemlos an andere Teammitglieder weitergegeben werden. Im nächsten Kap. 4 wird die tägliche Zusammenarbeit mit Ticketsystemen näher erläutert. Weitere Alternativen zu Freshdesk finden sich eher im Open-Source-Bereich (vgl. Abschn. 3.3) oder im Plugin Jira Service Desk von Atlassian.

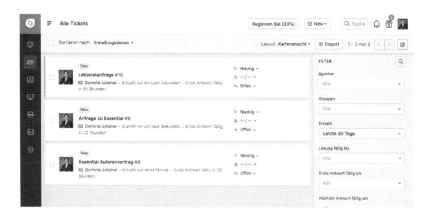

Abb. 3.5 Aufgabenverwaltung mithilfe eines Ticketsystems

3.3   Open-Source-Software

Für nahezu jede Aufgabe gibt es freie, sogenannte Open-Source-Software, die hinsichtlich ihrer Leistung oft nicht hinter kommerziellen Anwendungen zurücksteht. Eine Open-Source-Software ist eine Software, deren Quellcode frei verfügbar über das Internet heruntergeladen und die im Rahmen von Open-Source-Lizenzmodellen unentgeltlich genutzt werden kann. Durch die Veröffentlichung des Quellcodes kann der Nutzer nachvollziehen, dass Daten nicht ohne seine Genehmigung verwendet werden (vgl. Lindner et al. 2019).

Auch für virtuelle Teams können Open-Source-Software-Komponenten verwendet werden. Sie können diese Lösungen selbst betreiben (auf eigenen Servern – engl. On-Premise) oder bei einem Anbieter des Vertrauens als Software-as-a-Service-Lösung (engl. SaaS) oder aber sie zu sogenannten Managed/Full-Service-Tarifen anfordern. Häufig ist die sogenannte Community-Version der Open-Source-Provider kostenlos. Für weitere Funktionen und für Unterstützung im Betrieb kann ein sogenannter Enterprise-Support gebucht werden. Speziell bei den Kernfunktionen ist dieser Support sinnvoll und kostet meist pro Komponente eine jährliche Gebühr, die sich in der Regel in einem ähnlichen Preisbereich wie die kommerziellen Anbieter bewegt.

▷ **Merkbox** Der Vorteil der Nutzung von Open Source besteht darin, die Kontrolle und Souveränität über die eigenen Daten zu behalten. Nachteile können aus einer manchmal erschwerten Administration entstehen.

Software zur Kommunikation und zur Zusammenarbeit
Ich möchte Ihnen im Folgenden eine Alternative zur kommerziellen Software auf Basis der Open-Source-Anbieter vorstellen, die mir bekannt sind. Gemeinsam mit weiteren Open-Source-Experten arbeite ich aktuell an einem solchen Stack mit.

Als Basis nutze ich eine Filesharing-Lösung (Datenspeicherlösung), um die Daten sicher zu speichern. Der Unterschied zur kommerziellen Variante ist, dass sich die Daten nicht auf Servern wie dem von Microsoft in den USA befinden und somit die Sicherheit der Unternehmensdaten vollkommen gewährleistet werden kann. Ich verwende in diesem Beispiel ownCloud (Abb. 3.6), das Sie entweder selbst betreiben oder als Service auf https://owncloud.online beziehen können. Die Community-Version von ownCloud kann kostenlos verwendet werden. Dieses Essential habe ich sicher in einer von mir betriebenen ownCloud

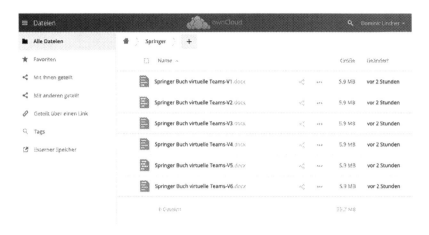

Abb. 3.6   ownCloud in der Browserversion

auf einem Raspberry-Pi-Server gespeichert und konnte so jederzeit darauf zugreifen.

Analog zu den Zusatzfunktionen von Office 365 können weitere Open-Source-Versionen bezogen werden, die mit ownCloud funktionieren und sich integrieren lassen. Diese sind:

- Schreibprogramm, Tabellen und Präsentationen (Collabora oder Onlyoffice),
- Notizen (Joplin),
- Videokonferenz (Jitsi oder Kopano),
- E-Mail (Open XChange)
- Chatsystem (RocketChat)
- Wissensdokumentation (MediaWiki)
- Ticketsysteme (OTRS und OSTicket),
- Virtuelle Aufgabenverteilung (Open Office oder Kanboard) und
- Filesharing (ownCloud).

Ein wichtiger Faktor ist die Möglichkeit, die verschiedenen Komponenten sinnvoll miteinander verknüpfen zu können. Oft weisen die genannten Open-Source-Anbieter schon eine Grundaffinität zueinander auf: Beispielsweise funktioniert ownCloud in der Regel ohne große Anstrengungen mit Collabora (Abb. 3.7). An diesem Essential habe ich dank eines Online-Office-Programms problemlos von jedem internetfähigen Gerät aus weiterarbeiten können.

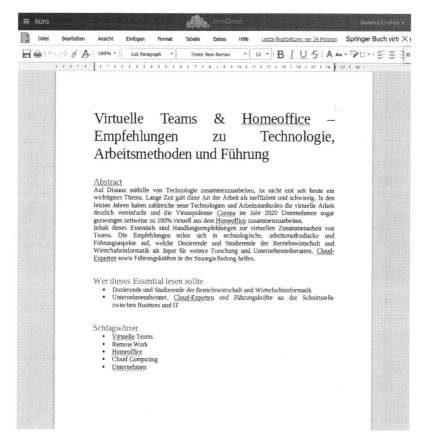

Abb. 3.7 Abbildung eines Dokuments in der Open-Source-Software ownCloud mit Collabora

> **Merkbox** In diesem Bereich scheint mir Open Source hinsichtlich des Funktionsumfangs genauso stark wie kommerzielle Lösungen. Aufgrund der Souveränität über die Daten würde ich Open Source bevorzugen.

Weitere notwendige Elemente sind Chat- und E-Mailsysteme. Open XChange ist eine freie Software mit zahlreichen Funktionen für den Versand von E-Mails. Es kann auf eigenen Servern betrieben werden und garantiert, ähnlich wie ownCloud, die Souveränität über die eigenen Daten.

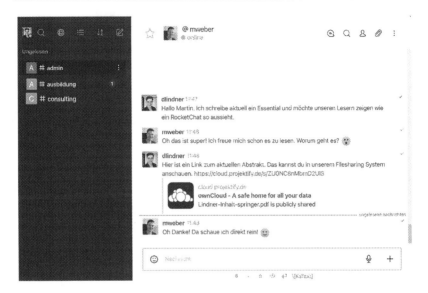

Abb. 3.8 RocketChat als Screenshot in der Community-Edition im Chat von projektify.de

Ein weiteres wichtiges Tool zur Kommunikation ist ein Chatsystem. Hier ist aktuell vor allem RocketChat (vgl. Abb. 3.8) aufgrund der einfachen Integrierbarkeit in andere Softwarekomponenten, der vielen Funktionen und der sicheren Einrichtung ein oft verwendetes Software-Tool im Open-Source-Bereich.

Team- und prozessbasierte Aufgabenverwaltung: Boards und Ticketsysteme sowie Wissensdokumentation

Auch für die Verwaltung von team- und prozessbasierten Aufgaben gibt es zahlreiche Open-Source-Alternativen. Im Folgenden sollen zwei solcher Software-Tools sowie eines für die Wissensdokumentation erläutert werden.

- Kanboard (teambasiert)
- OTRS (prozessbasiert)
- Media Wiki (Wissensdokumentation)

Kanboard (vgl. Abb. 3.9) bietet als freie Software die Möglichkeit, Arbeit übersichtlich und transparent darzustellen. Es eignet sich für teambasierte

Abb. 3.9 Erstellung dieses Essentials in Kanboard

Arbeit. Ähnlich wie bei Jira können verschiedene Projekte angelegt und verwaltet werden. Mein Fazit ist, dass die Software grundlegende Funktionen zur Verwaltung von Aufgaben bietet und dauerhaft weiterentwickelt wird. Insgesamt zeigt Kanboard den Fortschritt und welche Aufgaben gerade von wem erledigt werden. Alternativen sind Restyaboard, Open Project oder Redmine.

OTRS ist ein webbasiertes Ticketsystem (vgl. Abb. 3.10). Es eignet sich für prozessbasierte Arbeit, um jede Art von Anfragen, z. B. E-Mails, Störungsmeldungen und Telefon sowie formularbasierte Anfragen strukturiert zu erfassen, zu klassifizieren, zu speichern und weiterzuverarbeiten. Das System bietet umfassende Möglichkeiten und sorgt mit detaillierten Reports für Revisionssicherheit (Archivierung). OTRS ist aktuell eine der führenden Lösungen in diesem Bereich, die laut Heise (2013) von 60 % der deutschen DAX-Konzerne genutzt wird. Alternativen sind OSTicket und Zammad.

▶ **Merkbox** Im Bereich der teambasierten Aufgabenverwaltung würde ich die kommerziellen Software-Tools aktuell als etwas fortschrittlicher betrachten, während im Bereich der prozessgesteuerten Aufgabenverwaltung die freien Open-Source-Lösungen im Vorteil sind.

Wikipedia ist Ihnen sicher bekannt – die Grundlage (Software) dieser Online-Dokumentation ist ein Media Wiki. Generell sind Wikis gut anpassbar und erfüllen die Mehrzahl der Zwecke, die für die gemeinsame Dokumentation von Wissen erforderlich sind. Sie verhindern außerdem das Anlegen von mehreren Versionen, da ein Dokument von allen Mitarbeitern bearbeitet werden und versioniert abgerufen werden kann. Abb. 3.11 zeigt dieses Essential in Form eines Media Wiki.

Sinnvolle Verknüpfung der einzelnen Software-Komponenten
Ein wichtiger Aspekt ist die Verknüpfung der einzelnen Software-Produkte. Dies geschieht in der Regel über bestimmte Schnittstellen (engl. API). Welche Schnittstellen unterstützt werden, kann auf der Produktseite der Hersteller nachgelesen werden. Auch kommerzielle Software-Tools wie Jira verfügen über eine API und können mit Open-Source-Anwendungen verknüpft werden. Oft empfehlen die Hersteller selbst bestimmte Software-Komponenten und sind bereits mit automatischer Integration ausgestattet, z. B. ownCloud/Collabora, Jira/RocketChat oder Open Xchange/ownCloud.

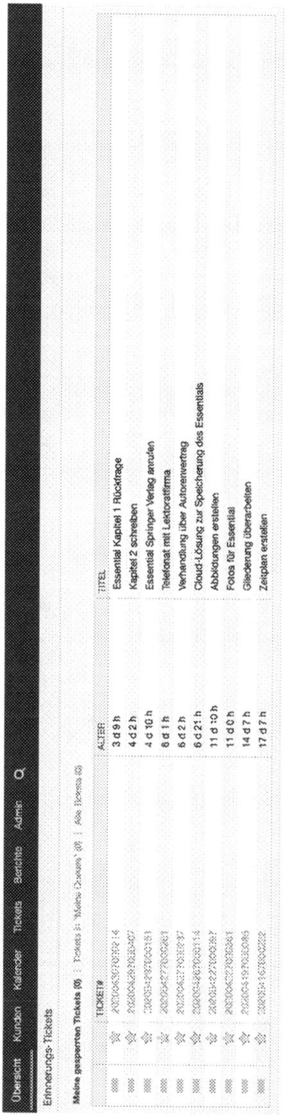

Abb. 3.10 Tickets zur Erstellung dieses Essentials in OTRS

Abb. 3.11 Dieses Essential in Form eines Media Wiki

Entscheidend ist schließlich, welche toolübergreifenden Anwendungsfälle Sie abbilden sollten, um die Arbeit zu erleichtern. Am besten fragen Sie dazu Ihre Mitarbeiter. Im Folgenden sind einige sinnvolle Anwendungsfälle aus meinem Berufsalltag stichpunktartig aufgeführt:

- Dokumente können direkt in der Filesharing-Lösung bearbeitet und geteilt werden (Online Office Funktion).
- E-Mail-Anhänge werden direkt als Link aus der Filesharing-Lösung erstellt.
- Dokumente und Aufgaben (z. B. in Jira) können miteinander verknüpft werden.
- Im Chat kann auf vorhandene Dokumente und Aufgaben verwiesen werden.
- Automatische Erstellung eines virtuellen Meetings bei Einladung von Teilnehmern im Kalender
- Automatische Abwesenheitsnachricht bei E-Mails bei der Eintragung von Urlaub im Kalender
- Zum Abschluss noch eine Verknüpfung mit der Zeitbuchung, die in diesem Kapitel nicht näher erläutert wurde: Schnelle Zeitbuchung nach Abschließen einer Aufgabe oder eines Tickets mit Übernahme der wesentlichen Informationen, z. B. Betreff (vgl. Kap. 4).

3.4 Virtuelle Meetings und Einrichtung im Homeoffice

Video- und Telefonkonferenzen sind in vielen Unternehmen schon lange üblich. Vor allem die Einsparungen hinsichtlich Reisezeit und Kosten sind Vorteile, die dafür sprechen. Ich möchte in diesem Kapitel einige Empfehlungen für die Durchführung von Video- und Telefonkonferenzen geben. Diese betreffen die Software, das Mikrofon sowie die Einrichtung des eigenen Homeoffice.

Virtuelle Meetings
Mittlerweile hat die Zahl der Video- und Telefonkonferenzen aufgrund von COVID-19 und der damit verbundenen Änderungen in der Arbeitsweise deutlich zugenommen. Zu Beginn der Ausgangsbeschränkungen im März 2020 ist es aufgrund der massiven Nutzung sogar vermehrt zu Ausfällen gekommen. Aktueller Marktführer für die entsprechende Software ist Zoom mit einer sicheren und verschlüsselten Videolösung. Auch bieten Videokonferenz-Lösungen die Möglichkeit, per Telefon teilzunehmen oder Dokumente gemeinsam zu betrachten. Die Preise für Zoom beginnen bei 14 EUR pro Monat pro Nutzer. Alternativen sind im kommerziellen Bereich Skype, Goto Meeting, Webex und im Open-Source-Bereich Kopano und Jitsi (vgl. Abb. 3.12).

Abb. 3.12 Screenshot aus der Software Jitsi in meinem Homeoffice

Ist Ihnen in Abb. 3.12 mein Mikrofon aufgefallen? Es handelt sich um ein professionelles Studiomikrofon für die virtuellen Konferenzen. Für die professionelle Nutzung ist meines Erachtens die im PC verbaute Hardware nicht ausreichend. Achten Sie auf einen guten Sound für das Headset am Telefon und am Computer: Je besser Sie zu verstehen und zu sehen sind, desto komfortabler verlaufen Ihre Verhandlungen im virtuellen Raum.

Im Rahmen der virtuellen Arbeit fallen, wie bereits erwähnt, viele Konferenzen und Telefonate an. Leisten Sie sich daher eine Webcam für mind. 150 EUR und nutzen Sie ein professionelles Mikrofon (vgl. Abb. 3.13). Für die Telefonie verwende ich ein Bluetooth-Headset (zwischen 100 und 300 EUR) mit aktiver Rauschunterdrückung, das sogar die Geräusche der Umgebung für den Anrufer reduziert (z. B. wenn auf dem Balkon Vögel oder Autos zu hören sind). Für Videokonferenzen habe ich ein Studiomikrofon mit Audio-Interface, das eine klare Stimme gewährleistet (ab 200 EUR im Set). Natürlich müssen Sie nicht ebenso viel investieren, doch Sie sollten zumindest ein qualitativ hochwertiges Mikrofon oder Headset besitzen.

Einrichtung im Homeoffice
Die Ausstattung des eigenen Homeoffice ist für die Effizienz der Arbeit von wesentlicher Bedeutung. Zwar ist es im Rahmen des Essentials nicht möglich,

Abb. 3.13 Meine Ausstattung besteht aus einem Jabra Evolve 75 Headset für die Telefonie und einem Kondensator Mikrofon (T-Bone 400) mit Steinberg HR12 Audiointerface für die Videokonferenz

detaillierte Angaben in Bezug auf Ergonomie oder Möbel zu machen, doch möchte ich einige grundlegende Empfehlungen in Form einer Checkliste geben. Am Anfang oder bei gelegentlichem Homeoffice mag es vorkommen, dass am Küchentisch oder auf dem Sofa gearbeitet wird. Dies ist in Bezug auf die Arbeitseffizienz und auch mit Blick auf die Gesundheit nicht zu empfehlen (z. B. kann das zu Rückenproblemen führen). Meine Empfehlung: Richten Sie sich ein geeignetes Homeoffice ein. Aus meiner Erfahrung sind notwendig:

- **Bildschirm:** Sorgen Sie für einen ausreichend großen Bildschirm oder zwei und einen Abstand von mind. 50 cm zum Bildschirm.
- **Computer:** Sorgen Sie für einen ausreichend starken Desktop-PC oder Laptop mit Docking-Station. Ich selbst verwende einen Apple iMac.
- **Stuhl und Schreibtisch:** Investieren Sie auf jeden Fall in einen bequemen Stuhl mit einer entsprechenden Ausrichtung auf langes Sitzen, denn Sie sitzen unter Umständen 40 h pro Woche. Auch ein hochfahrbarer Schreibtisch ist auf Dauer eine Alternative.
- **Gesundheit:** Ich empfehle, bei Maus und Tastatur auf ein ergonomisches Modell zurückzugreifen. Ihre Hände sind essenziell für Ihre Arbeit. Schonen Sie diese. Auch ein paar Halsbonbons schonen Ihre Stimme nach langen Telefonkonferenzen.
- **Licht:** Achten Sie auf ein ausreichend gutes Licht durch ein Fenster tagsüber und abends in Form einer Schreibtischlampe. Licht im Rücken oder direkt auf den Bildschirm schädigt die Augen. Ich nutze beispielsweise Lampen von Philips Hue, die verschiedene Lichteinstellungen ermöglichen.
- **Standort:** Am besten ist ein separates Zimmer oder eine sehr ruhige Nische in der Wohnung. Bei Kindern empfiehlt sich auf jeden Fall eine abschließbare Tür. Essen Sie nicht am PC. Nutzen Sie die Mittagspause für einen Ortswechsel und führen Sie eine wenig intensive Telefonkonferenz gegebenenfalls auch auf den Balkon oder im Wohnzimmer durch.
- **Dekoration:** Sie sollten sich wohlfühlen am Schreibtisch. Durch Pflanzen und persönliche Gegenstände wirkt die Umgebung ansprechender.

3.5   Exkurs: VR-Meetings

Aufgrund von COVID-19 sind sehr viele Menschen gezwungen, von Zuhause aus zu arbeiten und auch fast die gesamte Freizeit dort zu verbringen (Stand April 2020). Dies kann im Job wie auch privat zur Isolation führen. Ich habe dazu im

April 2020 intensiv überlegt, wie sich die Nähe zum Team durch die Technologie Virtual Reality (VR) fördern lässt. Virtual Reality (Virtuelle Realität, VR) ist eine computergenerierte Wirklichkeit mit Bild (3D) und in vielen Fällen auch mit Ton (Gabler 2020).

Ich habe mir mit einigen Kollegen eine VR-Brille (ca. 120 EUR) gekauft (vgl. Abb. 3.14). Wir wollten ausprobieren, ob wir uns mit dieser Technologie noch effizienter als per Video treffen und Konzepte sowie arbeitsrelevante Themen sinnvoll diskutieren können.

Mein Fazit ist, dass es eine spannende Alternative zu herkömmlichen Meetings vor allem bei räumlich weit distanziert arbeitenden Teams (Europa und USA) mit geringen Möglichkeiten für persönliche Treffen ist. Allerdings besteht noch deutlicher Entwicklungsbedarf, um diese Technologie in einem Unternehmen sinnvoll einsetzen zu können (Stand April 2020). Aktuell fehlen noch neben Datenschutzkonzepten vor allem sinnvolle virtuelle Meetingräume und die passenden Business-Avatare (virtuelle Darstellung eines Menschen). Ich würde mir wünschen, dass ich meine Avatare schnell und mit wenigen Klicks an meine Meetings anpassen kann. Im Innovationsprojekt gehören laut Erwartungshaltung nur Jeans und Hemd, während ich für das anschließende Management-Meeting mit Hemd und Jackett auftreten möchte.

Abb. 3.14 Ich in meinem
VR-Meeting mit Kollegen
auf dem Balkon

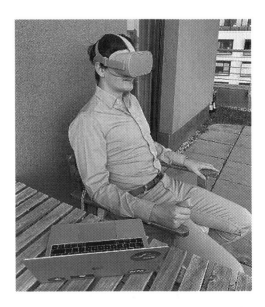

3.6 Fazit

Sie werden festgestellt haben, dass zahlreiche Software-Tools notwendig sind, damit virtuelle Teams sinnvoll zusammenarbeiten können. Möglich ist, zwischen kommerzieller und freier Open-Source-Software zu wählen. Dabei ist die Entscheidung meines Erachtens in jeder Hinsicht von der Unternehmensstrategie abhängig. Wichtig ist, dass Sie in beiden Fällen die Software sinnvoll miteinander interagieren lassen. Dazu können Sie entweder alle Komponenten vom gleichen Anbieter kaufen (was nicht immer sinnvoll oder möglich ist) oder die Open-Source-Komponenten entsprechend integrieren. Diese Integration ist entscheidend, ob eine Softwarelandschaft effizient ist oder nicht. Beispielsweise könnten zu große E-Mail-Anhänge direkt als Link in die E-Mail eingefügt und Dokumente per Klick im Browser unmittelbar bearbeitet werden. Es kann Mitarbeiter demotivieren, wenn Technologie nicht ausreichend funktioniert oder sie nicht die volle Effizienz eines virtuellen Teams erreichen, wie in Kap. 2 beschrieben (Abb. 3.15). Vor allem im Bereich der Kommunikationssoftware

Abb. 3.15 Wichtig ist die passende Integration der Software

sehe ich große Vorteile bei der Open-Source-Software, die mittlerweile sehr ausgereift ist. Aufholbedarf besteht dagegen im Bereich des Vorgangs- und des Aufgabentrackings. Hier liegen für mich aktuell die kommerziellen Lösungen sowie OTRS (Open Source) vorne.

Die beste Software nützt nichts, wenn sich der Mensch vor dem Bildschirm (also Sie) nicht wohl fühlt. Aus diesem Grund empfehle ich Ihnen, sich Gedanken über die Einrichtung des Homeoffice zu machen und sich ein professionelles Mikrofon für Telefon- und Videokonferenzen anzuschaffen. Entsprechende Empfehlungen aus meiner Praxiserfahrung habe ich für Sie zusammengestellt. Am Ende möchte ich Ihnen zusätzlich empfehlen, die Augen nach neuen Möglichkeiten und Trends offen zu halten, wie sie z. B. mit VR-Meetings bestehen.

Arbeitsmethoden und Meetingformate für virtuelle Teams

4

In Kap. 3 haben Sie Impulse und Empfehlungen für die Anschaffung von Technologie erhalten. Nun gilt es, diese Technologie zielführend einzusetzen und virtuellen Teams damit zu entsprechender Effizienz zu verhelfen. In diesem Kapitel wird die Organisation des Arbeitsalltags näher betrachtet, während Kap. 5 sich dann an Führungskräfte richtet.

Gerade in der virtuellen Zusammenarbeit sind Selbstorganisation, Selbstreflexion und die Definition von Prozessen entscheidend. Gerade ‚Dienst nach Vorschrift' und Aussagen wie: ‚Da muss mein Chef mir eine Anweisung geben, dann mache ich das', sind in virtuellen Teams noch schwerwiegender auf die Arbeitserledigung als in der Präsenzkultur (vgl. Abb. 4.1). Virtuelle Teams sind oft neu für Unternehmen und die Mehrzahl der Prozesse ist nicht definiert oder noch unbekannt. Es ist wichtig, dass Teammitglieder Prozesse und Meetingformate möglichst selbst definieren und kommunizieren.

4.1 Arbeitsmethoden

Virtuelle Teams werden häufig bei komplexen Projekten eingesetzt, weshalb agile Methoden zu bevorzugen sind. Agilität wird definiert als die Fähigkeit eines Unternehmens, schnell und flexibel möglichst in Echtzeit auf sich verändernde Marktbedingungen zu reagieren (vgl. Lindner und Amberg 2019). Agile Methoden sind u. a. konkrete Abläufe und Meetingformate, die Unternehmen nach der genannten Definition agiler machen können.

Zweifellos ist der Einsatz agiler Methoden eine geeignete Möglichkeit, damit virtuelle Teams mithilfe von Selbstorganisation und Handlungsfreiheit zielführend eigene Prozesse bearbeiten können. Allerdings sollten die Manager

Abb. 4.1 Mit diesem Vorgehen kommen virtuelle Teams nicht weiter

sich bewusst sein, dass Agilität nicht als der heilige Gral vorgestellt werden darf und Prozesse durch das Management im Vorfeld gestaltet werden müssen (vgl. Abb. 4.2). Gerade agile Methoden in virtuellen Teams erfordern strikt geregelte Prozesse und Rollenverteilungen. Das ist spürbar strikter als im Büro und fühlt sich anfangs wenig agil an. Sollten Sie mehr zu agilen Methoden erfahren wollen, empfehle ich Ihnen mein Essential „KMU im digitalen Wandel" (Lindner 2019b).

▷   **Merkbox** Agile Methoden sind harte Arbeit und die Einführung vor
       allem im Management ist eine anspruchsvolle Aufgabe. Sie müssen
       Mitarbeiter zur Selbstorganisation begleiten und anschließend lernen,
       loszulassen und als Moderator das Unternehmen zu führen.

Meine Erfahrung ist, dass nicht alle Elemente von agilen Methoden erforderlich sind und vieles sogar recht esoterisch wirkt. Es geht also darum, die Grundideen von Agilität, die für virtuelle Teams einen Mehrwert bringen, umzusetzen und

https://agile-unternehmen.de

Abb. 4.2 Agilität wird in Organisationen of als der heilige Gral vorgestellt

diese in klaren, aber flexiblen Prozessen abzubilden. Ich selbst vergleiche Agilität gerne mit dem Verteilen und Essen eines Kuchens auf einer Party. Wie das zu verstehen ist, zeigt die Abb. 4.3.

▷   **Merkbox** Agile Methoden visualisieren Arbeit, machen die Verteilung und den Arbeitsfluss transparent. Das ist genau das, was virtuelle Teams brauchen!

Stellen Sie sich vor, Sie leiten ein Dienstleistungsunternehmen. Aufgrund Ihres Leistungsangebots erhalten Sie von Kunden Ideen, die Sie in konkrete Projekte (Aufträge) umwandeln müssen. Sie können sich an dieser Stelle selbst ausmalen, dass es wenig sinnvoll ist, den gesamten Kuchen nur einer Person zu überlassen. Stattdessen werden Sie den Kuchen also in Stücke schneiden.

Diese Projekte werden gemäß den agilen Methoden in sogenannte Stories (große Kuchenstücke – noch zu groß, um diese ganz selbst zu essen) zerlegt.

https://agile-unternehmen.de

Abb. 4.3 Agilität ist wie das Verteilen von Kuchen auf einer Party

Eine Story ist eine in Alltagssprache formulierte Anforderung. Um eine Story, bspw. ‚Ich möchte mit einer Software Zahlen addieren können' umzusetzen, sind bestimmte technische Aufgaben erforderlich, wie die Entwicklung einer Oberfläche mit einer Logik, zu addieren. Die einzelnen Aufgaben entsprechen dann den essbaren, kleineren Kuchenstücken.

Nun kommt jedes Teammitglied regelmäßig zum Buffet, um sich ein Stück abzuholen – solange, bis Ihre Mitarbeiter sozusagen satt sind, also genügend Aufgaben vor sich liegen haben, die es zu bearbeiten gilt. Wenn keiner aus Ihrem Team mehr zum Buffet kommt, sie aber immer noch Kuchenstücke übrig haben, werden Sie also das tun, was jeder Kuchenbeauftragte an dieser Stelle macht. Sie werden selbst auf Ihre Mitarbeiter zugehen und versuchen, die übrig gebliebenen Kuchenstücke zu verteilen, bis Sie den Auftrag letztendlich abgeschlossen haben.

> **Merkbox** Kernaspekte der agilen Methoden bei virtuellen Teams sind die Visualisierung und die Aufteilung der Arbeit an das Team. Dies ist eine umfangreiche Arbeit und sollte zumindest zu Beginn durch das Management bzw. die Teamleitung erfolgen sowie im

Abb. 4.4 Moderieren Sie die Taskboards, anstatt Mitarbeitern einfach Aufgaben zuzuweisen

weiteren Verlauf dauerhaft moderiert werden. Moderieren Sie die Aufgabenverteilung, anstatt Mitarbeitern einfach Aufgaben zuzuweisen (vgl. Abb. 4.4). Wie das geht, erkläre ich im Folgenden.

Agile und teambasierte Arbeitsmethoden zur Aufgabenverwaltung
Bei agilen Methoden wie Scrum und Kanban werden Boards verwendet, um Arbeit visualisieren. Diese Grundidee sollten Sie für die Organisation von virtuellen Teams ebenfalls nutzen und die einzelnen Kuchenstücke als konkrete Aufgaben auf dem Board abbilden.

Das Board dient als Informationsknoten. Dort wird die Information darüber verteilt, wer zu welcher Zeit was erledigen kann. Die Abb. 4.5 zeigt ein Kanban-Board. Dort finden Sie einen Backlog mit allen Aufgaben, die zu erledigen sind. Sie sollten als Teamleiter immer sicherstellen, dass ausreichend sauber beschriebene Arbeitsaufgaben sowie eine Definition of Done (Zieldefinition) vorliegen. Idealerweise haben Sie ein Softwaretool, das per Klick die Aufgaben öffnet und mehr Details offenbart (Abb. 4.6). Auch sollte für jede

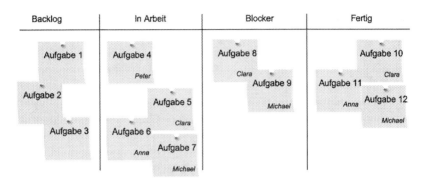

Abb. 4.5 Kanban-Board für ein virtuelles Team

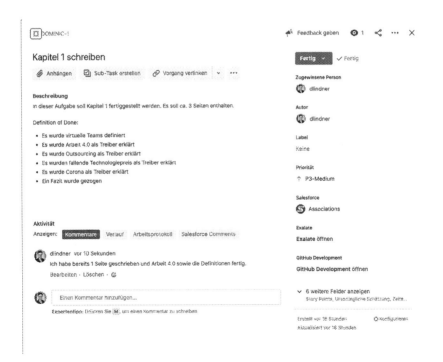

Abb. 4.6 Visualisierung einer Aufgabe in Jira mit einer klaren Zieldefinition sowie einem Kommentar als Status

Aufgabe der Status eindeutig erkennbar sein und sie sollte jemandem zugewiesen sein.

▶ **Merkbox** Jede Aufgabe sollte klar beschrieben sein, einen Bearbeiter haben, einen Status und einen Kommentar aufweisen, wie der aktuelle Stand ist.

▶ **Merkbox** Sie können mehrere Aufgaben z. B. in Jira zu sogenannten Epics zusammenfassen. Eine solche Epic gibt Ihnen einen sinnvollen Überblick über ein Projekt oder zu einem Kunden. Dies sollten Sie im zweiten Schritt ebenfalls nutzen (Abb. 4.7).

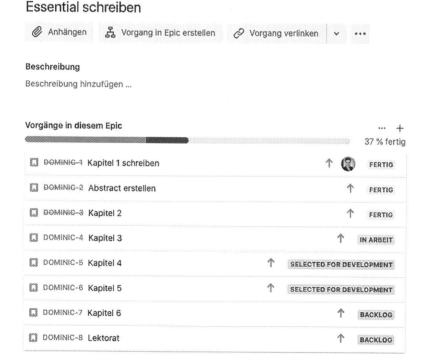

Abb. 4.7 Zusammenfassung mehrerer Stories zu einer großen Epic in Jira

Klassische und prozessgesteuerte Arbeitsmethoden zur Aufgabenverwaltung

Etwas strukturierter geht es im klassischen Kontext zu. Im Gegensatz zu komplexen Projekten werden Aufgaben nicht proaktiv geplant, sondern es wird auf bestimmte Ereignisse z. B. auf eine Kundenanfrage reagiert.

Boards sind hier nur bedingt hilfreich, nützlicher sind Ticketsysteme (vgl. Abb. 4.8). Der Ablauf ist wie folgt: Eine Aufgabe wird durch ein Ereignis ausgelöst und einem Systemnutzer als Ticket zugewiesen. Anschließend verteilen Sie als Teamleiter die neuen Tickets nach Spezifikation an die Mitarbeiter und überwachen die Ausführung. Sie sehen außerdem genau, wie alt jedes Ticket ist und welche Hindernisse aktuell vorliegen. Auch können Tickets jederzeit an Mitarbeiter weitergegeben werden und der gesamte Stand ist so dokumentiert, dass nichts vergessen wird. Entscheidend ist außerdem der Inhalt der Tickets: In jedem Ticket sollten aktuelle Informationen sowie Notizen aus Telefonaten/Nebenabsprachen vermerkt sein (vgl. Abb. 4.9). Weiterhin sollten Tickets mit gleicher Thematik regelmäßig zusammengefügt werden. Sie sollten also darauf achten, dass das System gut verwaltet ist.

> ▶ **Merkbox** Kümmern Sie sich als Teamleiter vor allem um neue Tickets und um solche im Status Blocker/warten, da diese den Arbeitsfluss des Teams verlangsamen. Der zentrale Informationsknoten sind nicht mehr Sie, sondern das Software-Tool.

Status	ID	Betreff	Besitzer	Datum	Letzter Kommentar
Neu	#54	Neue Datenbank	System	02.04.2020	neues Ticket
	#55	Neuer Server	System	03.04.2020	neues Ticket
In Bearbeitung	#50	100 neue User	Clara	27.03.2020	50/100 angelegt
	#53	SQL Dump ziehen	Michael	01.04.2020	Dump wird gezogen
Waiting	#51	Datenbank reset	Clara	15.03.2020	Freigabe von Kunden fehlt
	#50	Server 404	Anna	17.03.2020	warte auf Logs vom Kunden
Fertig	#52	Server Update	Michael	28.03.2020	erledigt
	#49	ownCloud upgrade	Clara	30.03.2020	erledigt

Abb. 4.8 Abbildung eines Ticketsystem mit regelmäßigen Statusupdates

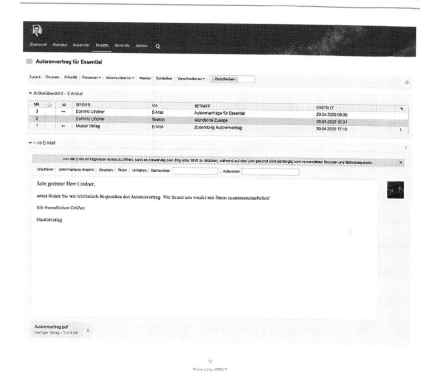

Abb. 4.9 Abbildung eines Tickets mit Zusammenfügung

Exkurs: Leistungsnachweise für Dienstleistungsunternehmen

Oft fordern Kunden von Unternehmen im Dienstleistungsbereich Leistungsnachweise. Hierfür habe ich eine einfache Lösung gefunden, die ich hier vorstellen möchte. Ich habe das gezeigte Tool selbst entwickeln lassen, da die Lösungen auf den Markt zu umfangreich sind und ich nur wenige Funktionen benötige (Abb. 4.10). Sie können nach einer sinnvollen Visualisierung der Arbeit einfach pro Ticket im agilen oder im klassischen Methodenspektrum die Zeit buchen lassen. Somit haben Sie am Ende eine klare Trennung pro Kunde und Aufgabenpaket.

Wichtig ist: Verknüpfen Sie ein einfaches Formular mit Ihrem Aufgabenverwaltungssystem. Da Sie die Mehrzahl der Informationen aus dem System übernehmen können, ist es ausreichend, wenn der Mitarbeiter Name, Kunde und TicketID eingibt. So können Sie schnell und effizient Zeit buchen. Ein

Abb. 4.10 Abbildung des Tools zur Zeiterfassung

Mitarbeiter	Kunde	TicketID	Betreff	Zeit
Anne	BMW	3	Neue Server	3h
Carl	VW	5	Upgrade Datenbank	2h
Hendrik	BMW	3	Neue Server	6h
Anne	VW	5	Upgrade Datenbank	8h
Clara	Daimler	2	Projektmanagement	2h
Anne	Daimler	1	Backup einspielen	3h

Abb. 4.11 Excel-Export aus dem Tool mit fiktiven Daten

anschließender Excel-Export aus der Datenbank hinter dem Tool erleichtert die Durchführung der Abrechnung (Abb. 4.11). Ich habe mir mittlerweile ein großes Dashboard erstellt, das anhand der Buchungen die Rentabilität von Projekten ausrechnet (geplante Stunden – gebuchte Stunden).

4.2   Meetingformate

> **Merkbox** Ob Sie Boards oder Ticketsysteme verwenden, hat auf die Meetingformate nur wenig Einfluss. Wichtig ist, dass das Tool in beiden Darstellungen durch regelmäßige Meetings mit dem Team besprochen und als zentraler Informationsknoten verwendet wird.

Zuerst möchte ich Ihnen meine persönlichen Meetingformate erläutern, die ich mit virtuellen Teams durchführe. Diese sind:

- **Teamweekly:** Hier sprechen wir über allgemeine News zum Unternehmen und über private Themen. Es handelt sich um einen wöchentlichen privaten

Stammtisch im virtuellen Raum, damit sich das Team in lockerer Atmosphäre sozialisieren kann, und dauert 1 h.

- **Teamsprechstunde:** Pro Woche steht jeder Teamleiter eines Teams 30 min bereit, damit sich die Teammitglieder mit Feedback und Prozesswünschen an ihn wenden können.
- **1 on 1:** Mit jedem Mitarbeiter habe ich wöchentlich ein 20-minütiges Gespräch über dessen persönliche Situation (disziplinarische Führung). Ich halte dieses Meeting für sehr wichtig!
- **Meine Sprechstunde:** Als Abteilungsleiter stehe ich jedem Mitarbeiter des Unternehmens einmal pro Woche zur Verfügung.
- **Retrospektiven:** Wir besprechen einmal pro Monat, was gut und was schlecht gelaufen ist.
- **Boardmeeting:** Alle 48 h oder einmal pro Woche: Wir gehen in eine Stunde lang das Board durch, prüfen, ob alles korrekt eingetragen wurde, und feiern Erfolge! Zum genauen Ablauf gebe ich im Folgenden noch Erläuterungen.

> **Wichtig** Die Diskussion konzentriert sich im Boardmeeting immer auf eine Aufgabe aus dem Software-Tool. Hier wird nicht einfach miteinander gesprochen, sondern strukturiert über die Aufgaben.

Wie bereits erwähnt, ist die gemeinsame Organisation des Software-Tools ein kritischer Erfolgsfaktor. Der Ablauf ist wie folgt: Die Teams treffen sich per Screensharing (Teilen des Bildschirms während der Videokonferenz) und sprechen gemeinsam Item für Item durch (Aufgabe oder Ticket im Software-Tool). Für jedes Item sind zwischen drei und fünf Minuten vorgesehen, in denen die folgenden Punkte geklärt werden:

- neue Items spezifizieren,
- Wichtigkeit und Inhalt jedes Items,
- Bearbeiter eines Items und
- relevante Felder wie Status, Schlagwörter ausfüllen und Inhalt prüfen.

> **Merkbox** Ein Tool sollte nicht ‚vermüllt‘ werden. Es gilt daher, jedes Item zu pflegen und alle relevanten Felder auszufüllen sowie die Liste klein zu halten. Sonst haben Sie schnell zu viele Items und verlieren den Überblick. Außerdem funktionieren die automatischen Reports dann nicht mehr zuverlässig.

Exkurs: Spotify Health-Check für virtuelle Teams

Peter Drucker (2004) hat formuliert: „culture eats strategy for breakfast", weshalb es vor allem bei virtuellen Teams notwendig ist, die Kultur und die Werte trotz der Distanz zu überprüfen. Ich verwende zu diesem Zweck das Spotify-Health-Check-Modell (vgl. Spotify 2020 und Abb. 4.12). Dieses beinhaltet ein Kartendeck mit ausgewählten Werten, die Sie flexibel anpassen und anhand derer Sie die Zufriedenheit der einzelnen Teams alle 14 Tage mittels der Ampeln überprüfen können.

Ein Vertreter des Teams übermittelt Ihnen anhand der Ampel die jeweilige Stimmung im Team. Die Teams wählen zwischen den drei Ampelfarben (Rot, Gelb, Grün). Die Indikatoren auf den Karten geben dazu Hinweise. Fassen Sie nun alle Ergebnisse in einer Tabelle zusammen (vgl. Abb. 4.13). Die jeweiligen Spalten helfen den Teamleitern, die Stimmung im Team zu erkennen: Team 1 scheint es gut zu gehen und Team 2 ist mit ziemlich allem zufrieden. Team 3 hat viele Probleme, jedoch gibt es einen positiven Trend bei fast allen Punkten (vgl. Abb. 4.13).

In den Reihen kann ich als Abteilungsleiter Muster erkennen und auf dieser Grundlage am Gesamtsystem statt am einzelnen Team arbeiten. Abb. 4.13 zeigt:

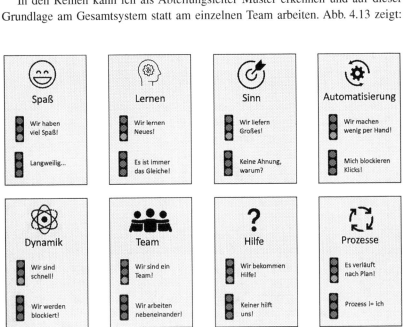

Abb. 4.12 Mein persönliches Spotify-Health-Check-Modell

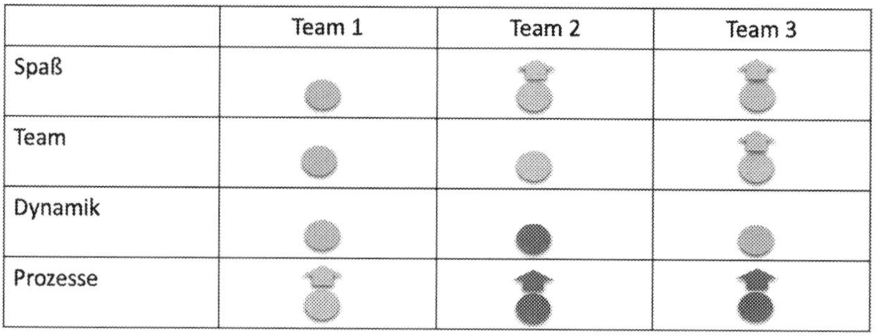

	Team 1	Team 2	Team 3
Spaß	●	●	●
Team	●	●	●
Dynamik	●	●	●
Prozesse	●	●	●

Abb. 4.13 Fiktive Auswertung der Spotify-Karten

Jedes Team hat Spaß bei der Arbeit (und der Trend geht weiter nach oben!).
Motivation scheint demnach kein Problem zu sein. Allerdings machen die
Prozesse Probleme. Es ist davon auszugehen, dass das mit der Zeit auch den
Spaßfaktor bei der Arbeit beeinträchtigen wird.

Messen Sie auch, ob bspw. mehr Ampeln grün waren als in der Befragung vorher. Ist das der Fall, dann geht die Tendenz nach oben. Sie sehen also, ob sich
ein Status verändert und in welche Richtung, sodass Sie reagieren können. Im
Gesamtbild ist hier erkennbar, dass viele Pfeile nach oben zeigen. Das bedeutet,
dass der Verbesserungsprozess (der wichtigste Prozess überhaupt) funktioniert.

4.3 Fazit

Wie Sie sehen, muss virtuelle Arbeit nicht unbedingt komplex und aufwendig
sein. Wichtig ist, dass Sie mit der richtigen Struktur arbeiten. Das bedeutet, dass
große Aufträge gleichmäßig in kleinere Arbeitspakete umgewandelt werden
sollten. Anschließend müssen diese in der Software abgebildet werden, die als
zentraler Informationsknoten fungiert.

Durch die neu gewonnene Transparenz können Sie die Aufgaben übersichtlich überwachen und einen dynamischen Arbeitsfluss entwickeln. Zugleich
lassen sich große Kundenanforderungen mit einer Vielzahl an Tasks zeitnah
abarbeiten. Der Erfolgsfaktor ist zunächst die Fähigkeit, Arbeit in geeignete
kleine Teilaufgaben zerlegen zu können. Anschließend erweist sich die richtige
Ausrichtung der Meetings auf die Organisation des Software-Tools als kritischer
Erfolgsfaktor.

Ein Teamleiter kann sich durch diese Ausführungen zu einem bloßen Verwalter/Nutzer einer Software ‚degradiert' fühlen, was möglicherweise Vorbehalte hervorruft. Dennoch habe ich eher das Gegenteil beobachtet: Mein Fazit nach mittlerweile drei Jahren ist, dass der Einfluss eines Managers sogar wächst. Stellen Sie sich vor, dass Sie immer einen aktuellen Status an das Management geben können. Dies wirkt souverän. Weiterhin behalten Sie die komplette Kontrolle über Rechte (wer darf eine Aufgabe auf ‚Fertig' setzen) und Prozesse (welche Phasen durchläuft eine Aufgabe).

Führung virtueller Teams

5

Eine gute Führungskraft zeichnet sich durch den souveränen und den konstruktiven Umgang mit gesellschaftlichen und unternehmerischen Herausforderungen sowie ein hohes Maß an Selbstreflexion aus. Dennoch nehmen die Anforderungen an die Führung zahlenmäßig und an Komplexität konstant zu. Dies kann einen Manager im digitalen Zeitalter schnell überfordern. Die Abb. 5.1 zeigt nur einen Ausschnitt der zahlreichen Herausforderungen, mit denen sich Führungskräfte konfrontiert sehen. Dazu zählt die Führung virtueller Teams, für die neben neuen Vorgehensweisen auch ein hohes Maß an Selbstreflexion erforderlich ist. Selbst Bundeskanzlerin Angela Merkel reagiert aktuell (04/2020) aufgrund von COVID-19 das Land aus dem Homeoffice und steht vor der gleichen Herausforderung (vgl. Zeit 2020c).

In Kap. 4 wurden Informationen und Empfehlungen zu Meetingformaten und Arbeitsmethoden gegeben, die dabei helfen können, ein virtuelles Team zu organisieren. Wie Sie diese als Führungskraft sinnvoll in Ihre operative und tägliche Führung integrieren, um virtuellen Teams zu Höchstleistungen zu verhelfen und Ihre Mitarbeiter aus dem Homeoffice zielführend zu steuern, soll im vorliegenden Kapitel behandelt werden. Die Empfehlungen werden nach den Aspekten persönliche Ebene (Charakter und Verhalten) und technologische Ebene (Führung mit Technologie) unterteilt.

5.1 Persönliche Ebene: Ein neuer Typus Manager?

Sicherlich haben Sie schon viel über Führung gelesen. Seit den Veröffentlichungen von Peter Drucker in den 80er Jahren wechselt die Diskussion des Führungsstil von Kommando und Kontrolle auf eine menschliche und

Abb. 5.1 Führungskräfte haben es im digitalen Zeitalter nicht leicht

authentische Führung (vgl. Drucker 2014). Diese beiden Aspekte waren, wie mir scheint, lange Zeit eher weniger bedeutsam und wurden erst in den letzten fünf Jahren durch die Medien in den Vordergrund gerückt. So wurde beispielsweise der oft leger gekleidete und in der Sprache sehr direkte Fußballtrainer Jürgen Klopp vom Manager Magazin für „Management mit Charisma, Chuzpe (Dreistigkeit) und Cleverness" (Zitat: Manager Magazin 2019) als Manager des Jahres gewählt. Diese Entscheidung steht im deutlichen Gegensatz zu jenen der Vorjahre dar und löste eine kontroverse Diskussion aus. Ein weiteres Beispiel ist Ex-Daimler-Vorstand Dieter Zetsche, der die Krawatte bei Daimler abschaffte und bei einer Präsentation mit einem T-Shirt mit der Aufschrift ,Do-Epic-Shit' für einen regelrechten Skandal in den Top-Management-Etagen deutscher Dax-Konzerne sorgte (vgl. Wirtschaftswoche 2018).

Beide Manager stellten einen Antityp zum alten, grauhaarigen Mann mit Krawatte und Anzug dar und brechen mit dem klassischen Managerbild, das sich seit den 1980er Jahren in den Köpfen etabliert hat. In diesem Zusammenhang scheint mit jungen Startup-Gründern wie Daniel Kraus (Flixbus), Valentin

Stalf (N26), Dominik Richter (HelloFresh) und Anna Alex (Outfittery) eine neue Generation an Managern mit Charakter, Authentizität, Chuzpe und legerer Kleidung zu entstehen.

5.2 Empfehlungen zur Führung auf persönlicher Ebene

In meiner Forschungsarbeit zur Digitalisierung von Unternehmen wird gute Führung als eine ‚Verhaltensweise' oder eine ‚persönliche Einstellung' einer Führungskraft beschrieben (vgl. Lindner und Greff 2018). Doch wie kann eine solche authentische Führung von einer Führungskraft umgesetzt werden?

Ich habe dazu gemeinsam mit Tobias Greff (vgl. Lindner und Greff 2019) über 65 Führungskräfte zu einem Leitbild befragt. Im Ergebnis wurden acht Werte festgehalten, die die Führungskräfte als besonders wichtig hervorgehoben haben. Die Führungskräfte sollten diese Werte gegeneinander gewichten und die Schieberegler so einstellen, dass ein persönliches Wertebild entsteht. Dieses finden Sie in der Abb. 5.2.

▷   **Merkbox** Stellen Sie sich die Frage: Wie möchte ich sein und wie möchte ich wahrgenommen werden?

Die Grundidee besteht darin, weder komplett agil noch ‚unagil' zu sein, sondern eine Balance zwischen den sogenannten alten und den neuen Werten zu finden, sozusagen wie ein DJ an einem Mischpult, an dem gewisse Einstellungen wie Höhen oder Bass vorgenommen werden können. Neben dem Wertebild lassen sich folgende Empfehlungen der befragten Führungskräfte zusammenfassen (vgl. Lindner 2019b sowie Lindner und Greff 2019):

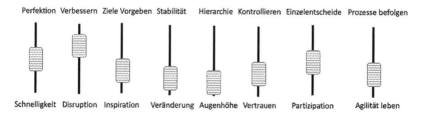

Abb. 5.2 Leitbild einer Führungskraft (vgl. Lindner 2019b)

- **Teambuilding:** Auch virtuelle Teams müssen sich formen. Erste reale und punktuelle Treffen sind dabei förderlich.
- **Konkrete Ziele:** Es wird empfohlen, virtuelle Teams über Ziele zu steuern. Regelmäßige Statusmeldungen sind als Instrument zur Zielkorrektur sinnvoll.
- **Klare Rollenverteilung:** In einem virtuellen Team können eine stabile Rollenverteilung sowie das Arbeiten nach Pull-Prinzip eine Führungskraft entlasten.
- **Mitarbeitern vertrauen:** Virtuelle Führung basiert laut den Teilnehmern der Studie auf Vertrauen. Es kann davon ausgegangen werden, dass die delegierten Arbeitspakete mit steigendem Vertrauen umfangreicher werden.
- **Basis:** Es gibt das einheitliche Verständnis, dass eine Führungskraft nicht perfekt sein muss, Fehler zugeben darf oder einen ‚schlechten Tag' haben kann.
- **Primärcharakteristika** sind Führung auf Augenhöhe, Vertrauen in Mitarbeiter, Experimente, Echtzeitinformationen und Inspiration fördern.
- **Sekundärcharakteristika** sind Echtzeitfeedback, Agilität vorleben, Partizipation und zur Veränderung motivieren.
- **Neue Kompetenzen** sind neue Trends antizipieren, agile Methoden und neue Arbeitskonzepte einsetzen, die Motivation der Mitarbeiter sowie Technologien evaluieren.
- **Learning by Doing:** Da Learning by Doing für Führungskräfte die am weitesten verbreitete Lernmethode darstellt, wird geraten, das Führungsleitbild direkt an den Arbeitsalltag anzupassen. Experimentierfreude ist gefragt!

Die ersten vier Empfehlungen fokussieren sich auf die eher operative Führung im direkten Umfang mit Mitarbeitern in virtuellen Teams. Sollte die COVID-19-Pandemie zurückgehen, wird es wieder möglich sein, persönliche Treffen abzuhalten. Diese sind auch bei virtuellen Teams wichtig und sollten immer eingeplant werden. Weiterhin sollten Sie nach konkreten Zielen vorgehen und Mitarbeitern stets Perspektiven aufzeigen.

Ein sehr wichtiger Punkt ist für mich die klare Rollenverteilung. Vermitteln Sie jedem Teammitglied, dass es wichtig für das Team ist und respektieren Sie die Rollen. Sagen Sie bei wichtigen Entscheidungen dazu: ‚Wir können das nicht ohne Frau Müller entscheiden, da ihre Rolle die Qualitätssicherung ist. Sie muss an der Entscheidung beteiligt werden.' So fördern Sie die Identifikation mit der Rolle und damit auch das Engagement der Mitarbeiter.

Sie werden feststellen, dass die weiteren Punkte eine Zusammenfassung des Leitbilds in Abb. 5.3 darstellen, die durch gewisse Kompetenzen erweitert werden. Führungskräfte werden dabei als sehr innovativ und motivierend

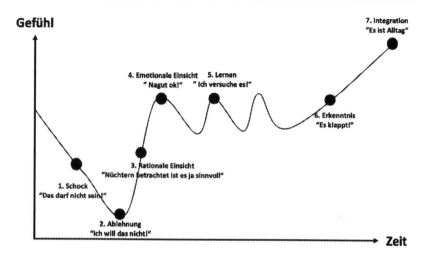

Abb. 5.3 Zyklus des Umgangs mit Veränderung nach Streich (2016) – eigene Abbildung

beschrieben. Doch wie lässt sich eine solche Änderung des Charakters umsetzen? Eine Möglichkeit ist laut den befragten Führungskräften das Learning bei Doing im Arbeitsalltag, das ich im folgenden Exkurs näher beschreiben möchte.

▶ **Merkbox** Machen Sie sich immer bewusst, welche Bedeutung die One-on-one-Gespräche haben. Diese sind bei virtuellen Mitarbeitern besonders wichtig. Werden diese vernachlässigt, führt das zur Distanzierung von der Firma und zu einem Abfall der Motivation. Verschieben Sie diese Gespräche daher nur im Notfall.

Exkurs: Änderung der eigenen Persönlichkeit durch Learning by Doing
Nun stellt sich die Frage, ob eine Führungskraft einfach Gewohnheiten und Charakter ändern kann. Sehen Sie sich in der Lage, wie die jungen Startup-Gründer oder wie Jürgen Klopp oder Dieter Zetsche mit Ihrem Charakter ein Vorbild zu werden?

Natürlich können Menschen bewusst Änderungen in ihrer Persönlichkeit vornehmen, auch wenn dies ein gewisses Durchhaltevermögen erfordert. Jeder von uns hat tägliche Routinen (z. B. der Weg ins Büro, Zähneputzen vor dem Frühstück etc.) und Verhaltensweisen (z. B. emotionale Diskussion bei Problemen oder Rückzug bei starken Diskussionen). Hier sind die innersten und die tiefsten

Routinen gemeint, die sich oft nur schwer beeinflussen lassen. Eine solche Veränderung besteht aus drei Schritten (vgl. Lindner 2019a):

- Schritt 1: Routinen erkennen
- Schritt 2: Motivationen erkennen
- Schritt 3: Neue Verhaltensweisen verinnerlichen

Als erstes sollten Sie **Routinen erkennen,** die Sie verändern oder sich aneignen möchten. Das lässt sich am besten mithilfe des Feedbacks von guten Freunden oder Arbeitskollegen erreichen. Solche Gewohnheiten können sein, dass Sie Mitarbeitern mehr zuhören wollen, weniger kontrollierend agieren und auch eine Geschichte aus dem Privatleben erzählen.

Das Verändern von Gewohnheiten ist ein Kann und kein Muss. Sie sollten also im nächsten Schritt eine **Motivation zur Veränderung** finden. Nicht jede Gewohnheit ist wichtig genug, um verändert zu werden, dazu muss nicht jeder Mensch perfekt sein. Fragen Sie sich: Ergeben sich negative Effekte durch eine bestimmte Verhaltensweise oder zeigen Manager in Ihren Umfeld Verhaltensweisen, die Sie bewundern?

Im dritten Schritt sollten Sie **die neuen Verhaltensweisen im Alltag umsetzen.** Das muss 66-mal geschehen, wobei dies mit einer kleinen Geste (z. B. einen Stück zuckerfreie Schokolade) belohnt werden sollte. Die Psychologin Philippa Lally vom University College in London hat dies erforscht, indem sie 96 Probanden die Aufgabe gab, sich drei neue Gewohnheiten (u. a. 15 min Spaziergang jeden Morgen) anzueignen. Die Anzahl der bewussten Ausführungen der Tätigkeit bis zur automatisierten Gewohnheit lag im Durchschnitt bei 66 (vgl. Lindner 2019a).

5.3 Technologische Ebene: Teams auf Distanz steuern

Neben der Sicherstellung der Motivation des Teams ist es notwendig, die Aufgabenerledigung im virtuellen Raum sicherzustellen. Hierzu sollten Sie Softwaretools zielführend einsetzen. Mir fällt oft auf, dass Führungskräfte versuchen, ein virtuelles Team mit herkömmlichen Methoden aus dem Büroalltag zu führen. Ein bekanntes Beispiel ist das Vertrauen auf den ‚Flurfunk‘, durch den sich Informationen zwangsläufig verbreiten. Das funktioniert bei virtuellen Teams nicht, da diese räumlich verteilt sind und Informationen im Intranet, im Chat oder im täglichen Regelmeeting eigens kommuniziert werden müssen.

5.4 Empfehlung zur Führung auf technologischer Ebene

Um sinnvolle Empfehlungen zur Nutzung von Technologie abzuleiten, habe ich die Führungskräfte aus der erwähnten Befragung um eine Bewertung der entsprechenden Software gebeten. Weiterhin sollten die Führungskräfte Informationen zu Vorgehen und Aufgabengröße geben. Mir war wichtig, das jeweilige Verhalten in Bezug auf die Software festzustellen. Die Tab. 5.1 fasst die Ergebnisse zusammen.

In der Tabelle werden verschiedene Software-Tools aufgeführt. In der **ersten Spalte** wird die **Zufriedenheit** der Führungskräfte mit den Software-Tools in der virtuellen Teamarbeit angegeben. Zu erkennen ist, dass vor allem die E-Mail in dieser Hinsicht eher abfällt und wahrscheinlich durch Chatsysteme und Telefon ersetzt wird.

> **Merkbox** Effiziente virtuelle Teams sind laut meiner Erfahrung an einer geringen Anzahl der persönlichen (nicht automatisierten) E-Mails zu erkennen. Je besser die Kollaborationsinfrastruktur ist, desto mehr wird diese genutzt. Die E-Mail bleibt die Notlösung bspw. zur Kommunikation (Verteiler mit 15 Personen) und zur oftmals ineffizienten gemeinsamen Bearbeitung von Dokumenten (DokumentV3-final-final-final.docx). Auch privat werden kaum E-Mails mit Freunden ausgetauscht, sondern Instant-Messenger wie WhatsApp, Signal oder Telegram verwendet.

In der **zweiten Spalte** erfahren Sie mehr über das **Vorgehen der Führungskräfte**. Ich wollte wissen, ob das Software-Tool genutzt wird, um zu

Tab. 5.1 Ergebnisse der Studie von Lindner und Greff (2019) zur Aufgabenverteilung in virtuellen Teams

Software	Zufriedenheit	Vorgehen	Aufgabengröße
Jira	Hoch	Stark delegierend	Klein
PM-Software	Hoch	Stark delegierend	Klein
Videokonferenz	Sehr hoch	Delegierend	Groß
Telefon	Hoch	Beides	Mittel
E-Mail	Mittel	Kontrollierend	Klein
Chatsystem	Sehr hoch	Kontrollierend	Klein

kontrollieren oder um Aufgaben schnell zu delegieren. Eine Empfehlung ist, dass Führungskräfte Aufgaben im Aufgabentool Jira einstellen und anschließend davon ausgehen können, dass diese erledigt wird. Meist wird dies im wöchentlichen Meeting geprüft oder es wird per E-Mail ein Status abgefragt.

▶ **Merkbox** Abhängig vom Kanal und der virtuellen Kommunikation ist die passende Vorgehensweise zu wählen. E-Mail und Chat werden häufig zur Statusmeldung und zur Kontrolle genutzt. Videokonferenzen werden häufiger zur kreativen Entfaltung und als Vorgangsverwaltungstools zur Delegation verwendet.

Die **dritte Spalte** zeigt die **Aufgabengröße.** Während über Software wie Jira eher kleine Aufgaben vergeben werden, besprechen die Führungskräfte größere und mittlere Aufgaben via Videokonferenz oder per Telefon.

▶ **Merkbox** Die Nutzung von Software zur Zusammenarbeit verändert die Arbeitsweise durch eine große Anzahl von Kleinstaufgaben, was deutlich schneller und dynamischer wirkt.

Ich selbst kann bestätigen, dass der Erfolg eines virtuellen Teams davon abhängig ist, wie es der Führungskraft gelingt, Arbeit im Software-Tool abzubilden und diese regelmäßig mit dem Team durchsprechen. Die Nutzung von Technologie zur Teamsteuerung schafft mehr Transparenz und eine höhere Dynamik.

▶ **Merkbox** Für Führungskräfte fühlt es sich im ersten Schritt wie eine Degradierung zum Administrator einer Software an. Dabei wird deutlich mehr harte Führungsarbeit gefordert, als sich annehmen lässt, und Führungskräfte geraten an neue Grenzen.

Als ich 2019 Abteilungsleiter geworden bin, habe ich meine vier Teamleiter darin, weitergebildet, die virtuellen Teams durch Software konstruktiv zu steuern. Mittlerweile organisieren wir über diese Methodik weit über 50 Mitarbeiter. Die Arbeit verändert sich dadurch in einigen Punkten deutlich: Sie verwalten das Software-Tool als zentralen Informationsknoten und bestimmen auch Rechte (wer darf eine Aufgabe auf ‚Fertig' setzen) und Prozesse (welche Phasen werden durchlaufen). Auch im Führungskräfte-Meeting schauen wir uns nur noch die Software-Tools gemeinsam an. Vorteile sind, dass Sie immer einen aktuellen Status für eventuelle Anfragen des Managements sowie eine Übersicht über Blocker (Störungen) im Team haben, die Sie als Manager beseitigen können.

5.5 Empfehlungen zum Veränderungsmanagement

„Wenn der Wind der Veränderung weht, bauen die einen Mauern und die anderen Windmühlen" (chinesisches Sprichwort).

Besonders die Einführung virtueller Teams sorgt für starke Veränderung und auch Ablehnung bei einigen Mitarbeitern. Jeder Mitarbeiter durchläuft bis zur Akzeptanz der Veränderung 7 Schritte. Einige Mitarbeiter durchlaufen diese in Sekunden und andere in Jahren. Der folgende Abschnitt gibt Hilfestellungen zu Veränderungen in Organisationen.

Phase 1: Schock

Die Notwendigkeit einer Veränderung erzeugt einen Schock durch Angst vor einer neuen Situation. Dies führt zu einer Unfähigkeit die Veränderung rational zu reflektieren. Meine Empfehlung in dieser Zeit: Kommunizieren Sie die Veränderung und lassen Sie die Mitarbeiter dann 1–2 Wochen in Ruhe den Schock verdauen. Sie verkünden lediglich, dass neue Softwaretools eingeführt werden, welche zu neuen Arbeitsmethoden führen.

Phase 2: Ablehnung

Nach dem Schock folgt eine starke Ablehnung. Sie bemerken diese Phase daran, dass Mitarbeiter anfangen über die Veränderung negativ zu reden. In dieser Phase sollten Sie als Führungskraft den Mitarbeitern helfen zu verstehen, warum die Änderung vorgenommen wird und damit Phase 3 vorbereiten. Erläutern Sie die Treiber für virtuelle Teams von Kap. 1 in diesem Essential verständlich für die Mitarbeiter. Sehen Sie sich als Anwalt der Veränderung.

Phase 3: Rationale Einsicht

Nachdem erkannt wird, dass Ablehnung gegen eine Veränderung nicht hilft, starten Mitarbeiter sich mit der Veränderung rational zu beschäftigen. Sie starten Vorteile abzuwägen, erste Informationen zur Veränderung aufzunehmen und wünschen sich erste kurzfristige Schritte zu deren Umsetzung. Kommunizieren Sie in dieser Phase erste Informationen zur Umsetzung der Veränderung jedoch nicht den gesamten Plan. Zeigen Sie beispielsweise erste Software-Tools und grundlegende Informationen zu agilen Methoden.

▶ **Merkbox** Der Unterschied zwischen rationaler und emotionaler Einsicht kann sehr gut am Beispiel eins Fitnessstudios veranschaulicht werden. Ich sehe ein, dass ich zu dick bin aufgrund von Daten wie das Körpergewicht (rationale Einsicht) aber ich gehe nichts in Fitnessstudio, weil ich es nicht will (emotionale Einsicht).

Phase 4: Emotionale Einsicht
Die emotionale Einsicht ist der eigentliche Wendepunkt und es heißt für Sie als Führungskraft dran zu bleiben. Mitarbeiter beginnen mit der Veränderung vertraut zu werden und zeigen sich offen. Wichtig sind in dieser Phase konkrete Projektpläne und erste Testzugriffe auf die Softwaretools zu gewähren.

Phase 5: Lernen
Die Mitarbeiter haben die Veränderung akzeptiert und starten die neuen Softwaretools und virtuelle Arbeitsmethoden zu erproben. Geben Sie erste Schulungen zu Software und Methoden sowie erste schriftliche Guidelines für die Mitarbeiter frei. Lassen Sie auch erste Teams mit den Software-Tools produktiv arbeiten.

Phase 6: Erkenntnis
Haben die Mitarbeiter in Phase 5 schnelle Erfolge mit den Software-Tools erzielt, werden diese sehr schnell die Veränderungen schrittweise in ihren Alltag übernehmen wollen. Stellen Sie einen netten Administrator zur Hilfestellung mit der Softwarenutzung zur Verfügung und bitten Sie um Feedback zu neuen Prozessen durch einen Prozessmanager.

Phase 7: Integration
Nun werden die neuen Software-Tools und Arbeitsweise als selbstverständlich angesehen. Ihre Aufgabe als Führungskraft ist es nun wie eine Art „Oberlehrer" zu überwachen, ob die neuen Arbeitsweisen auch nach 2–3 Wochen noch eingehalten werden und Rückfälle in alte Verhaltensweisen vermieden werden.

5.6   Fazit

Besonders in den letzten Jahren hat eine neue Art des Führungsverhaltens die Management-Welt geprägt und sogar ein Fußballtrainer wurde Manager des Jahres. Es gilt daher, das eigene Verhalten zu hinterfragen und sich mit dem Charakter als Führungskraft auseinanderzusetzen. Der zweite Teil des Führungsverhaltens umfasst die konstruktive Nutzung von Technologie.

Ich habe in diesem Kapitel Empfehlungen zur Führung virtueller Teams gegeben. Dabei werden Sie festgestellt haben, dass sich die Führung virtueller Teams signifikant von der realer Teams unterscheidet. Es bedarf also einer Auseinandersetzung mit neuen Führungsmodellen, einer Reflexion der eigenen Führungsrolle und der konstruktiven Nutzung von Technologie.

Der Weg zur virtuellen Führungskraft ist nicht einfach und sicher sind nicht alle Empfehlungen aktuell einfach umsetzbar. Ich habe ein virtuelles Team viele Manager in unterschiedlichen Altersstufen begleitet und kennengelernt, die umfassend an technologischen, aber auch an persönlichen Kompetenzen gearbeitet haben. All diese Manager erzählten mir, dass der Weg nicht leicht gewesen sei, aber zu einem großen Erfolg geführt habe. Auch ich versuche, jeden Tag meine Verhaltensweisen zu reflektieren und den Umgang mit technologischen Neuheiten zu erlernen, um in meiner noch recht jungen Führungskarriere weiterzukommen und dem Team ein Vorbild zu sein.

Zusammenfassung

6

Seit mittlerweile fünf Jahren arbeite ich fast ausschließlich im Homeoffice bzw. in virtuellen Teams und habe auch eine wissenschaftliche Arbeit zu diesem Themenbereich geschrieben. Ich war viel unterwegs und habe von allen Ecken der Welt aus gearbeitet, bis mich COVID-19 gezwungen hat, meine Reisen zu unterbrechen. Dies gab mir Zeit, die praktischen wie auch die wissenschaftlichen Erfahrungen zusammenzufassen.

Virtuelle Teams zeichnen sich in erster Linie dadurch aus, dass sie meist nur mithilfe von Technologie auf Distanz zusammenarbeiten. Die Etablierung und die Steuerung solcher Teams sind die zentralen Themen dieses Essentials. Neben dieser Definition wurden im ersten Kapitel Faktoren diskutiert, die die Arbeit in virtuellen Teams befördern. Besonders unterstützt werden virtuelle Teams durch Trends der letzten Jahre wie Arbeit 4.0, Outsourcing, besserer Zugang zu Technologie, aber auch durch die Pandemie aufgrund von COVID-19, in deren Folge Firmen zeitweise zu 100 % auf die Arbeit aus dem Homeoffice umgestellt haben.

Im zweiten Kapitel wurden Chancen und Risiken durch virtuelle Teams betrachtet. Die wichtigsten Chancen, die sich aus dieser Arbeitsweise ergeben, sind eine international vernetzte Arbeit, durch die Fachkräfte unabhängig vom Standort für weltweit agierende Kunden tätig sein können. Weiterhin könnte die Reaktionsfähigkeit, die Schnelligkeit, die Flexibilität und damit die Agilität eines Unternehmens deutlich gesteigert werden.

Mögliche Risiken stellen vor allem die Kosten für die Anschaffung der notwendigen Technologie dar. Diese ist in der Regel nicht günstig, dazu kommt ein hoher Wartungsbedarf. Auch der Datenschutz ist als Risikofaktor zu bewerten. Da die Kommunikation ausschließlich über Technologie erfolgt, gilt es die Kommunikation zu schützen. Für Mitarbeiter kann die höhere Selbstorganisation durch die Arbeit zuhause zusätzliche Belastungen mit sich bringen und für

Führungskräfte ist es eine Herausforderung, Mitarbeiter trotz der Distanz zu motivieren.

Um die technischen Herausforderungen zu lösen und eine zielgerichtete Zusammenarbeit von virtuellen Teams zu erreichen, wurde im dritten Kapitel eine Reihe von Technologien vorgestellt. Die wichtigsten sind:

- Aufgabenverwaltungstool wie OTRS oder Jira
- Chatsystem wie RocketChat
- Mailserver wie Open Xchange
- Notizsysteme wie Joplin oder OneNote
- Filesharing wie ownCloud oder onedrive
- Gemeinsame Dokumente bearbeiten wie OnlyOffice oder MS Office365
- Meetingmöglichkeiten wie Jitsi oder Zoom

Weiterhin wurde festgestellt, dass die Führung und das Verhalten in virtuellen Teams nicht mit jenen in Präsenzteams gleichgesetzt werden können. Daher wurden im vierten Kapitel Meetingformate wie Dailys und Retrospektiven sowie mögliche Arbeitsmethoden diskutiert. Die wichtigsten Erkenntnisse sind:

- Virtuelle Teamarbeit kann durch klassische und agile Arbeitsmethoden abgebildet werden.
- Wichtig ist die Visualisierung von Arbeit anhand von Boards und Ticketsystemen.
- Wichtige Meetingformate sind das Boardmeeting zur Organisation des Softwaretools als Knotenpunkt der Informationen.
- Controlling kann durch eine simple Zeiterfassung und einen Health Check durchgeführt werden.

Die Erkenntnisse aus Kap. 4 führen zu neuen Herausforderungen für Führungskräfte. So gilt es, neben der eigenen Persönlichkeit auch die aktive Führung mithilfe von Technologie kennenzulernen bzw. zu erlernen. Kap. 5 gibt dazu praktische Empfehlungen für Führungskräfte. Die wichtigsten sind:

- Status- und individuelle One-on-One-Anrufe sind notwendig, um nicht den Kontakt zum Team zu verlieren.
- Zuhören statt reden ist in Gesprächen mit Mitarbeitern sehr wichtig.
- Platzieren Sie sich als Moderator und fördern Sie die Nutzung von Software zur Steuerung des Teams.
- Die Festlegung und die Einhaltung von Rollen sind von wesentlicher Bedeutung, zudem sind diese stets zu respektieren.

- Es ist fast nicht möglich, jeden einzelnen Mitarbeiter zu steuern, weshalb die Steuerung über Gruppenziele und über die Software (Taskboard) zu bevorzugen ist.
- Eine Führungskraft sollte die Einführung virtueller Teams durch einen systematischen Veränderungsprozess begleiten.

Ich hoffe, dass Ihnen das Essential zahlreiche Eindrücke und Impulse vermittelt und vor allem Spaß beim Lesen bereitet hat. Es enthält neben meiner Praxiserfahrung auch Erkenntnisse aus meiner Doktorarbeit. Ich persönlich möchte die Arbeit in virtuellen Teams wie auch im Homeoffice sowie in anderen Ländern nicht missen. Ich glaube, dass eine vollständige Dezentralisierung von Arbeit in bestimmten Bereichen möglich ist und ich möchte trotz Karriereambitionen noch viel von der Welt kennenlernen und mich flexibel bewegen können. Ich glaube, dass dies für viele Unternehmen möglich ist und ich empfehle jedem, diesem Weg zumindest in kleinen Teilen auszuprobieren, um anderen Arbeitnehmern genauso wie mir eine orts- und zeitflexible Arbeit zu ermöglichen, durch die man vielleicht wirklich irgendwann am Strand, in der Bar oder auch am Skilift arbeiten kann (vgl. Abb. 6.1).

Abb. 6.1 Virtuelle Arbeit kann von überall durchgeführt werden

Was Sie aus diesem *essential* mitnehmen können

- Virtuelle Teams zeichnen sich in erster Linie dadurch aus, dass sie meist nur mithilfe von Technologie auf Distanz zusammenarbeiten.
- Besonders gefördert werden virtuelle Teams durch Trends der letzten Jahre wie Arbeit 4.0, Outsourcing, besserer Zugang zu Technologie, aber auch durch die Pandemie aufgrund von COVID-19, in deren Folge Firmen zeitweise zu 100 % auf die Arbeit aus dem Homeoffice umstellen mussten.
- Die wichtigsten Chancen von virtuellen Teams sind eine stärkere Verteilung und Präsenz weltweit, sodass Fachkräfte und Kunden international schnell und flexibel zusammenarbeiten können.
- Risiken bestehen vor allem in den hohen Kosten für Technologie, im Datenschutz sowie in der Führung der virtuellen Teams.
- Wichtige und zentrale Technologien für virtuelle Teams sind Aufgabenverwaltungstools, Chat-Systeme, Mailserver, Filesharing, gemeinsame Dokumentbearbeitung und Möglichkeiten für Videomeetings.
- Wichtige Meetingformate sind vor allem im agilen Kontext zu finden in Form von Dailys, Retrospektiven, Taskboardmeetings etc.
- Wichtig sind die Visualisierung von Arbeit und die Nutzung von Software als zentraler Knotenpunkt für Informationen.
- Die Einführung neuer Softwaretools und Arbeitsweisen sollte vom einem systematischen Veränderungsprozess begleitet werden.
- Entscheidend für Führungskräfte ist die Vermittlung von Motivation trotz Distanz durch zahlreiche Gespräche, neue Führungsmethoden und die konstruktive Nutzung von Software.

Literatur

Bitkom (2018). *Immer mehr Unternehmen erlauben Homeoffice.* https://de.statista.com/infografik/16711/anteil-der-unternehmen-die-homeoffice-erlauben/

Bundesverband digitale Wirtschaft (2020). *Deutschland geht ins Homeoffice.* https://de.statista.com/infografik/21121/umfrage-zum-arbeiten-im-home-office-wegen-des-coronavirus/

Drucker, P. (2014). *The Effective Executive: Effektivität und Handlungsfähigkeit in der Führungsrolle gewinnen.* Vahlen Verlag

Eurostat (2018). *Working from Home in the EU.* https://ec.europa.eu/eurostat/web/products-eurostat-news/-/DDN-20180620-1

Gabler (2020). *Virtual Reality.* https://wirtschaftslexikon.gabler.de/definition/virtual-reality-51228

GfK (2019). *Durchschnittspreise für Desktop-PCs und Notebooks in Deutschland von 2005 bis 2019.* https://tinyurl.com/y7qh7gwk

Handelsblatt (2020a). Deutsche Wirtschaft rüstet sich gegen Coronavirus-Ausbruch in Europa https://tinyurl.com/yb5wycy2

Handelsblatt (2020b). *Konferieren ohne Corona-Angst – wie Homeoffice gelingen kann.* https://tinyurl.com/y7kajx8x

Heise (2013). *OTRS 3.2 mit verbessertem Prozessmanagement.* https://www.heise.de/newsticker/meldung/OTRS-3-2-mit-verbessertem-Prozessmanagement-1793308.html

Instituts für Arbeitsmarkt und Berufsforschung (2020). *Mobile Arbeitsformen aus Sicht von Betrieben und Beschäftigten.* http://doku.iab.de/kurzber/2019/kb1119.pdf

Lindner, D., & Amberg, M. (2019). Ist Agilität Voraussetzung oder Folgeeiner zielgerichteten Digitalisierung? Industrie 4.0 Management https://tinyurl.com/y9vlcqo2

Lindner, D. (2019a). *Magazin Java aktuell: Agile Führung ist ein Mindset – doch wie kann man das lernen?* Java Aktuell (05).

Lindner, D. (2019b). *KMU im digitalen Wandel: Ergebnisse empirischer Studien.* Wiesbaden: Springer Gabler.

Lindner, D., & Leyh, C. (2019). Digitalisierung von KMU - Fragestellungen, Handlungsempfehlungen sowie Implikationen für IT-Organisation und IT-Servicemanagement. *HMD - Praxis Der Wirtschaftsinformatik*, 22.

Lindner, D., Ludwig, T., & Amberg, M. (2018). Arbeit 4.0 – Konzepte für eine neue Arbeitsgestaltung in KMU. *HMD Praxis Der Wirtschaftsinformatik*, 6(1), 17.

Lindner, D., Niebler, P., Wenzel, M. (2020). *Der Weg in Die Cloud: Ein Leitfaden Für Unternehmer und Entscheider*. Wiesbaden: Springer Gabler.

Lindner, D., & Greff, T. (2018). Führung im Zeitalter der Digitalisierung – was sagen Führungskräfte. *HMD - Praxis Der Wirtschaftsinformatik*, 7(1), 20.

Lindner, D., Niebler, P. (2018). *Studie zu Homeoffice*. https://agile-unternehmen.de/arbeit-im-homeoffice-studie/

Manager Magazin (2019). *Magie des Motivators*. https://www.manager-magazin.de/premium/juergen-klopp-fc-liverpool-managementskills-von-koenig-fussball-lernen-a-00000000-0002-0001-0000-000163470763

Spotify (2020). *Health Check Modell*. https://labs.spotify.com/2014/09/16/squad-health-check-model/

Statista (2020). *Umsatz mit IT-Outsourcing in Deutschland von 2016 bis 2021 nach Segment*. https://tinyurl.com/yarm2ah5

Streich, R. K. (2016) Fit for Leadership. Wiesbaden: SpringerGabler-Verlag

Wirtschafts- und Sozialwissenschaftliches Institut (WSI) (2019). *Weniger Arbeit, Mehr Freizeit?* https://www.boeckler.de/pdf/p_wsi_report_47_2019.pdf

Wirtschaftswoche (WiWo) (2018). *Zetsche, der gescheiterte Kulturrevolutionär*. https://www.wiwo.de/my/unternehmen/auto/abtritt-des-automanagers-zetsche-der-gescheiterte-kulturrevolutionaer/23118104.html

Xing (2019). *XING Gehaltsstudie*. https://gehaltsstudie.xing.com/

Zeit (2020a). *Hubertus Heil will Recht auf Homeoffice einführen*. https://www.zeit.de/politik/deutschland/2020-04/homeoffice-hubertus-heil-gesetz-coronavirus-pandemie

Zeit (2020b). *Dieses Virus legt das System Familie unter ein Mikroskop*. https://www.zeit.de/kultur/film/2020-04/collien-ulmen-fernandes-familien-allein-zu-haus

Zeit (2020c). *Merkel nimmt per Telefon an Kabinettssitzung teil*. https://www.zeit.de/politik/deutschland/2020-03/bundeskanzlerin-angela-merkel-quarantaene-kabinettssitzung-homeoffice

Lesetipps

Tipps für das Homeoffice - https://agile-unternehmen.de/tipps-einrichtung-homeoffice/

Agile Arbeit und Kuchenessen - https://agile-unternehmen.de/virtuelle-arbeit-kuchen-essen/

Eine Software als Teamleiter - https://agile-unternehmen.de/software-teamleiter/

VR-Meetings im Test - https://agile-unternehmen.de/vr-meetings-COVID-19/

Meetings in Zeiten von COVID-19 - https://agile-unternehmen.de/meetingformate-virtuelle-teamsteuerung-COVID-19/

Spotify Modell - https://agile-unternehmen.de/spotify-modell-in-klassischen-unternehmen/

Open Source als Alternative - https://agile-unternehmen.de/digitale-souveranitat-open-source/

Printed in the United States
By Bookmasters